Мар

Что такое
здоровая церковь?

Минск
«Смэлток»
2018

УДК 82-97=030.111=161.1
ББК 86.2(4)
  Д11

Перевод осуществлен по изданию:

What Is a Healthy Church?
by Mark Dever

First published 2007
Crossway Books
1300 Crescent Street
Wheaton, Illinois 60187

Девер, М.

Д11   Что такое здоровая церковь? / Пер. с англ. — Минск :
Смэлток, 2018. — 144 с.
    ISBN 978-1-58134-937-5 (англ.).

Чем идеальная церковь внешне отличается от других церквей? Многие
из нас не могут с уверенностью ответить на этот вопрос. Марк Девер помогает
верующим понять, по каким основным признакам можно определить, здорова
церковь или нет. Книга описывает вневременные истины и практические принципы, которые помогут каждому из нас исполнить данную Богом роль в теле
Христовом.

**УДК 82-97=030.111=161.1
ББК 86.2(4)**

9Marks ISBN: 978-1-950396-34-4

СОДЕРЖАНИЕ

С благодарностью Богу
за верных пасторов
Гарольда Пурди, Уолли Томаса, Эда Хенегара

ПРИТЧА

Но Бог расположил члены, каждый в составе тела, как Ему было угодно. А если бы все были один член, то где было бы тело? Но теперь членов много, а тело одно. Не может глаз сказать руке: «Ты мне не надобна»; или также голова ногам: «Вы мне не нужны» (1 Кор. 12:18–21).

Нос и Рука сидели на церковной скамье и разговаривали. Только что закончилось утреннее богослужение, которое проводили Ухо и Рот. Рука сообщил Носу, что он с семьей решил искать другую церковь.

Услышав эту новость, Нос воскликнул:

— Да? А почему?

— Ну, не знаю, — сказал Рука, потупив взор. Он был не такой словоохотливый, как остальные члены церковного тела. — Наверное, потому что мы с женой чего-то другого ожидаем от церкви.

— И чего же вы ожидаете от церкви? — спросил Нос. Хотя в его голосе звучала участливость, в глубине души он знал, что любой ответ Руки ему не понравится. Если Руки не видят, что Нос и все остальное руководство ведет тело в правильном направлении, тогда тело может обойтись и без них.

Рука призадумался. Ему и его жене нравился пастор Рот и его семья. Брат Ухо, ответственный за музыкальное служение, тоже старается.

— Ну, наверное, нам нужно место, где есть люди, похожие на нас, — в конце концов выдавил из себя Рука. — Мы пытались общаться с Ногами, но как-то не срослось. Потом мы ходили на малую группу для Ступней. Но они только и делали, что обсуждали носки, обувь и запахи. Нам было неинтересно.

Нос посмотрел на него с изумлением:

— Разве не прекрасно, что они интересуются запахами?!

— Конечно, прекрасно. Просто это не для нас. Потом мы ходили на занятия воскресной школы для частей головы. Помнишь? Мы приходили несколько воскресений подряд пару месяцев назад.

— Да, и мы были очень рады вас видеть!

— Спасибо. Но там все хотели поговорить, послушать, понюхать, попробовать. Понимаешь, у нас создалось такое ощущение, как будто вы не хотите работать, не хотите пачкать руки, что ли. Впрочем, ладно, мы с госпожой Рукой хотим сходить в ту новую церковь, которая открылась в восточном районе города. Мы слышали, что там много хлопают и возносят руки. Мне кажется, это как раз то, что нам надо.

— Понятно, — ответил Нос. — Жалко будет, если вы уйдете. Но поступайте так, как посчитаете нужным.

В этот момент госпожа Рука закончила беседовать с другим членом и подошла к ним. Рука вкратце пересказал ей весь разговор, а Нос повторил, что ему будет жаль потерять Руки. Но он снова подчеркнул, что отнесется к их решению с пониманием, ведь действительно эта церковь не всегда может восполнить их нужды.

Госпожа Рука кивнула в знак согласия. Просто из вежливости. На самом деле ей не было жалко уходить. На протяжении многих лет ее муж так часто критиковал церковь, что и она наконец с ним внутренне согласилась. Нет, он никогда открыто не возмущался против тела. Более того, он обычно извинялся за этот «свой негатив», как он говорил. Но все же мелкие жалобы, которые иногда срывались с его языка, оказали свое воздействие. Малые группы действительно были кружками по интересам. Музыка на самом деле была несколько старомодна. Церковные мероприятия казались какими-то глупыми. Проповеди, по правде говоря, тоже не были им во всем по душе. Короче, хотя сложно было назвать одну главную причину, они решили, что эта церковь не для них.

Кроме того, госпожа Рука знала, что ее дочь Белоручка не любит молодежные собрания. Она отличалась от остальной молодежи и чувствовала себя не в своей тарелке.

Затем госпожа Рука стала говорить, что она очень уважает Носа и остальное руководство тела. Но Носу этот разговор уже наскучил. Кроме того, от ее духов ему хотелось чихнуть. Он поблагодарил госпожу Руку за добрые слова, повторил, что сожалеет об их уходе, развернулся и ушел. Кому нужны Руки? Да и он им, судя по всему, тоже не нужен.

Введение

ЧЕГО ВЫ ОЖИДАЕТЕ ОТ ЦЕРКВИ?

А чего вы ожидаете от церкви? Спросите себя об этом, если давно не спрашивали. Просто на мгновение задумайтесь, какой, по-вашему, должна быть идеальная церковь. Идеальная церковь — это такая церковь, где есть...

Красивая музыка. Музыканты в такой церкви долго и усердно репетируют свое выступление. В ней нет гитар и барабанов, а есть хор и скрипка. Красивая музыка прославляет Бога. Или, может быть, вы как раз хотите гитары и барабаны? Возможно, вы считаете, что в церкви должна быть живая и современная музыка, по стилю похожая на ту, что сейчас крутят по радио, чтобы она была близка людям?

А может быть, музыка для вас не так важна, как проповедь. Вы хотите, чтобы проповеди в церкви были хорошие: со смыслом, но не заумные; библейские, но не скучные; с практическими выводами, но не законнические. Конечно, проповедь зависит от проповедника. А проповедники бывают разные: ученый, которые преподает глубокие доктрины и никогда не улыбается; шутник, у которого есть истории на все случаи жизни; семейный консультант, который «понимает, каково вам». Конечно, я утрирую, но ведь у большинства из нас действительно есть представления о том, каким должен быть пастор, правда же?

Возможно, вы ищете церковь, где все люди похожи на вас. У вас много общего. Они понимают, что происходит в вашей жизни, потому что в их жизни происходит то же самое. Они тоже недавно закончили университет. У них тоже маленькие дети. Они тоже скоро выходят на пенсию. Они тоже покупают все в самых дешевых магазинах или, напротив, одеваются в бутиках. Они тоже выросли в панельной девятиэтажке или в деревне.

Или самое важное для вас — это возможность нести служение в церкви? Занимается ли церковь благовестием? Миссионерской работой? Помогает ли она бедным? Есть ли в церкви другие родители и дети, с которыми можете пообщаться вы и ваш сын? Сможете ли вы участвовать в работе детской воскресной школы? Проводит ли церковь мероприятия, интересные для ваших детей?

Не исключено, что вы ищете церковь, «живущую в Духе». Ведь нами руководит Дух, считаете вы, поэтому в церкви должны быть люди, которые охотно слушают Его голос, открыты к Его действию, верят в то, что Он может совершать великие дела. Вы уже устали от общества тех, кто угашает Духа и держится за традиции. Дух действует по-новому! Он дает нам новые песни!

А быть может, вы просто ищете церковь с определенной атмосферой и даже не отдаете сами себе в этом отчета. Но если вы привыкли к церкви, где атмосфера как в большом торговом центре, или как в старой часовне, или как в кофейне, то в вашей идеальной церкви должна будет царить именно такая же атмосфера. Это вполне естественно. Многие люди, уехав из родительского дома, потом с ностальгией вспоминают, как все выглядело, звучало и пахло у мамы с папой.

Все эти ваши ожидания хороши или, по крайне мере, нейтральны. Я просто хочу, чтобы вы задумались о том, что вы цените в церкви больше всего.

Чего вы хотите? Открытости? Страсти? Честности? Массовости? Близких отношений? Современного антуража? Веселья? Интеллектуального вызова?

Какой должна быть церковь?

Вопрос для каждого верующего

Прежде чем мы дадим ответ на поставленный вопрос (а сделаем мы это в первых главах книги), я объясню, почему задаю его *вам*, хотя, возможно, вы и не пастор. Ведь интуитивно кажется, что книга о здоровой церкви должна быть написана для пасторов и церковных руководителей.

Да, она и для пасторов. Но также и для всех верующих. Помните: *авторы Нового Завета обращаются ко всем верующим.* Когда церкви в Галатии начали внимать лжеучителям, Павел написал им: «Удивляюсь, что вы от призвавшего вас благодатью Христовою так скоро переходите к иному благовествованию» (Гал. 1:6). Кто эти «вы», кого Павел призывает к ответу за ложное учение в церквях? Это не только пасторы, но и все члены тела церкви. Нам кажется, Павел должен был написать руководителям церквей: «Перестаньте учить ереси!» Но он так не пишет — он призывает к ответу всю церковь.

Точно так же Павел обращается к церкви в Коринфе, долго попустительствовавшей прелюбодеянию в своей среде (1 Кор. 5). Он не говорит, что этой проблемой должны заняться пасторы или нанятые сотрудники. Он утверждает, что эту проблему должна решить церковь.

То же самое мы наблюдаем в большинстве писем Нового Завета.

Я уверен, что пасторы церквей в I веке внимательно слушали, что писали их общинам Павел, Петр, Иаков и Иоанн. Я также уверен, что пасторы были инициаторами тех действий, к которым призывали апостолы в своих письмах, они подавали пример всей общине. Но я убежден, что, следуя примеру апостолов и обращаясь к *вам* — и пасторам, и членам, я возлагаю ответственность за церковь именно на тех, на ком она и должна лежать, если мы говорим о человеческом участии в деле создания церкви. *Вы*, уважаемый христианин, и все члены вашей церкви несете окончательную ответственность за состояние своей церкви. Не пасторы, не руководители, а *вы*.

Ваши пасторы в свое время дадут Богу отчет в том, как они руководили общиной (Евр. 13:17). Но каждый ученик Господа Иисуса Христа также будет держать ответ: *собирался* ли он регулярно вместе со своей церковью, *побуждал* ли он церковь к любви и добрым делам, *отстаивал* ли он здравое учение о надежде, даруемой Евангелием (Евр. 10:23–25)?

Дорогой друг, если вы считаете себя христианином, но думаете, что книга о здоровой церкви предназначена только для ее руководителей или для «интересующихся богословием», а вам нужны только книги о христианской жизни, возможно, настало время задуматься о том, кто такой христианин с библейской точки зрения. На этот вопрос мы подробно ответим в 1-й главе.

Далее мы рассмотрим, что такое церковь (в 2-й главе), в чем состоит высшее предназначение церкви (в 3-й главе) и почему наши церкви должны руководствоваться Библией (в 4-й главе).

Если же вы твердо убеждены, что церкви должны руководствоваться Библией, чтобы являть Божью славу, можете начинать читать эту книгу с 5-й главы. С нее начинается описание девяти признаков здоровой церкви. Пусть Бог использует наши совместные размышления, чтобы приготовить Свою невесту ко дню Своего пришествия (Еф. 5:25–32).

Часть 1

ЧТО ТАКОЕ
ЗДОРОВАЯ ЦЕРКОВЬ?

Глава 1

ВАША ВЕРА И ВАША ЦЕРКОВЬ

Иногда руководители студенческих движений приглашают меня выступить перед студентами. Пару раз я начинал свою речь с таких слов: «Если вы называете себя верующим, но не являетесь членом поместной церкви и регулярно ее не посещаете, возможно, вы идете в ад».

Разумеется, такое начало привлекает внимание слушателей.

Зачем я это делаю? Чтобы шокировать аудиторию? Нет. Может быть, я пытаюсь страхом загнать людей в церковь? Нет. Хочу ли я этим сказать, что членство в церкви делает человека христианином? Конечно же, нет! Если в какой-то книге так написано, выбросьте ее в окно.

Почему же я начинаю с такого предупреждения? Во-первых, я хочу, чтобы люди поняли: здоровая поместная церковь имеет огромную важность в жизни каждого верующего. Во-вторых, я хочу, чтобы они так же страстно стали относиться к церкви, как относились к ней Христос и Его последователи.

Сегодня многие христиане на Западе (возможно, и в других частях света) считают, что христианская вера — это только личные отношения с Богом. Они знают, что эти «личные отношения» должны как-то отражаться на их жизни. Но, боюсь, многие верующие не осознают, что эти первичные отношения с Богом должны сопровождаться целым рядом отношений вторичных — отношений, которые Христос установил между нами и Своим телом, церковью. Это не отношения с некими абстрактными верующими «где-то там». Бог желает, чтобы у нас возникли отношения с группой несовершенных людей из плоти и крови.

Почему же я переживаю о том, что вы, называя себя верующим, но не являясь активным членом поместной церкви, возможно, идете в ад? Давайте на мгновенье задумаемся, кто такой христианин.

Кто такой христианин

Христианин — это человек, который получил прощение грехов и примирился с Богом Отцом через Иисуса Христа. Примирение происходит, когда он раскаивается в своих грехах и обретает веру в совершенную жизнь, заместительную смерть и воскресение Иисуса Христа, Сына Божьего.

Другими словами, христианин — это человек, который осознал свою беспомощность и нравственное банкротство. Он понимает, что, нарушая ясный Божий закон, с любовью поклоняется тому, что не является Богом: он живет исключительно карьерой, интересами семьи, вещами, которые можно купить за деньги, мнением окружающих, думает только о чести семьи или сообщества, к которому принадлежит, пытается умилостивить псевдобогов других религий, духов этого мира. Возможно даже, он поклоняется добрым делам, которые человек может совершить. Он также осознает, что служение этим «идолам» навлекло на него двойное проклятие: их аппетит ненасытим в *этой жизни*, а в *жизни будущей* они вызовут Божий праведный гнев, смерть и осуждение, которые отчасти (по Божьей милости) христианин уже вкусил в невзгодах земной жизни.

Поэтому христианин знает, что, если он сегодня умрет и предстанет перед Богом и если Бог его спросит, по какой причине его надо пустить в Божье присутствие, он ответит: «Боже, Ты не обязан меня пускать. Я согрешил. Я перед Тобой в неоплатном долгу». И тут же добавит: «Но по милости Своей Ты дал великие обещания, поэтому я полагаюсь на кровь Иисуса Христа, которую Он пролил как мой заместитель. Он заплатил мой долг, удовлетворил Твои святые и праведные требования, утолил Твой гнев на грех!»

Христианин, попросив Бога считать его праведным во Христе, вступил на путь освобождения от греховного рабства. Идолов и прочих богов невозможно было удовлетворить. Их чрева были ненасытны. Когда же Христос удовлетворил Божьи требования, всякий, на кого распространяется Его искупительный подвиг, стал свободен! Впервые за все время христианин может отвернуться от греха, но не для того, чтобы стать рабом другого греха, а для того, чтобы силой Святого Духа обратиться к Иисусу Христу и отдать свою жизнь под Его руководство. Адам хотел низвергнуть Бога с Его престола и сделать себя богом. Христианин же рад, что на престоле — Христос. Он взирает на совершенную жизнь Христа, на Его послушание воле и слову Отца и хочет быть похожим на своего Спасителя.

Итак, христианин — это человек, который, и это главное, примирился с Богом во Христе. Христос утолил гнев Отца. Христианин объявлен праведным перед Богом. Он призван к праведной жизни. Он живет надеждой на то, что однажды явится перед Его величием на небесах.

Однако это еще не все! Христианин, благодаря тому что примирился с Богом, также примирился и с Божьим народом. Вы помните, о чем первая история в Библии, произошедшая после того, как Адам и Ева были изгнаны из Эдемского сада? Это история о том, как один человек убил другого, Каин — Авеля. Мы низвергаем Бога с Его престола для того, чтобы сесть на него самим. Мы ни в коем случае не позволим другому человеку посягнуть на это место. Адам, разорвав отношения с Богом, тем самым разорвал отношения между всеми людьми. Теперь каждый сам за себя.

Поэтому неудивительно, что Иисус сказал: «...возлюби Господа Бога твоего всем сердцем твоим и всею душею твоею и всем разумением твоим... возлюби ближнего твоего, как самого себя... на сих двух заповедях утверждается весь закон и пророки» (см. Мтф. 22:34–40). Эти две заповеди взаимосвязаны. Исполнение первой приводит к исполнению второй, исполнение второй доказывает исполнение первой.

Итак, примириться с Богом через Христа также означает примириться со всеми, кто примирился с Богом. Павел в 2-й главе Послания к Ефесянам сначала говорит о величии спасения, которое Бог даровал нам во Христе, а затем описывает, как это отражается на отношениях между иудеями и язычниками, а значит, и между теми, кто во Христе. Он пишет:

Ибо Он есть мир наш, соделавший из обоих одно и разрушивший стоявшую посреди преграду... дабы из двух создать в Себе Самом одного нового человека, устрояя мир, и в одном теле примирить обоих с Богом посредством креста, убив вражду на нем (Еф. 2:14–16).

Итак, все, кто принадлежит Богу, являются «согражданами святым» и «своими Богу» (ст. 19). Мы «соединились» со Христом в один «святой храм» (ст. 21). Какое обилие образов!

Наверное, лучше всего идею о примирении с Божьим народом через примирение с Богом можно понять на примере семьи. Если вы сирота, то не вы усыновляете родителей, а они усыновляют вас. Если фамилия вашей приемной семьи Кузнецовы, вы будете собираться за обеденным столом Кузнецовых вместе с родителями и остальными детьми. Вы будете спать в одной комнате с другими Кузнецовыми. Когда учитель проводит в классе перекличку и называет фамилию Кузнецов, вы поднимаете руку, как это делал ваш старший брат до вас и как это будет делать ваша младшая сестра после вас. Вы делаете все это не потому, что решили играть роль Кузнецова, а потому, что кто-то однажды приехал в детский дом и сказал: «Ты будешь Кузнецовым». В тот день вы стали чьим-то ребенком, чьим-то братом или сестрой.

Только вас зовут не Кузнецов, а *Христианин*. Вы названы по имени Христа, через которого получили усыновление (Еф. 1:5). Теперь вы часть Божьей семьи. «Ибо и освящающий и освящаемые, все — от Единого» (Евр. 2:11).

И это не неблагополучная семья, где каждый живет сам по себе. Это община. Когда Бог призвал вас «в общение Сына Его Иисуса Христа, Господа нашего» (1 Кор. 1:9), Он также призвал вас и в «общение» со всей семьей (1 Кор. 5:2).

И это не просто община, где все ведут себя сдержанно и вежливо. Это тело, члены которого связали себя друг с другом, приняв сознательное решение. Но есть между ними и другая связь, намного более крепкая, — это личность и дело Христа. Сказать «я не часть семьи» было бы так же глупо, как отрезать себе руку или нос. Как сказал Павел коринфянам, «не может глаз сказать руке: „Ты мне не надобна“, или также голова ногам: „Вы мне не нужны“» (1 Кор. 12:21).

Короче говоря, невозможно ответить на вопрос о том, кто такой христианин, и не сказать ничего о церкви. По крайней мере, это невозможно с точки зрения Библии. Кроме того, говоря о церкви, невозможно ограничиться лишь одной метафорой, потому что Новый Завет использует их множество: семья и община, тело и невеста, народ и храм, женщина и ее дети. И при этом Новый Завет не дает основания думать, что христианин на протяжении долгого времени может находиться *вне* церковного общения. Церковь — это не место. Это народ, Божий народ во Христе.

Когда человек становится верующим, он присоединяется к поместной церкви не просто потому, что быть ее частью полезно для его духовного роста. Этим своим действием он показывает, кем его сделал Христос — членом Своего тела. Вступить в союз с Христом означает вступить в союз со всеми христианами. Этот вселенский союз должен находить свое живое выражение в поместной церкви.

Иногда богословы проводят различие между вселенской церковью (христиане по всей земле на протяжении всей мировой истории) и поместной церковью (люди, которые собираются в конкретном месте, чтобы слушать проповедь Слова Божьего и совершать крещение и вечерю Господню). Если не считать нескольких отрывков, где идет речь о вселенской церкви (Евангелие от Матфея 16:18 и значительная часть Послания к Ефесянам), в большинстве случаев слово «церковь» относится к поместным общинам (например, Павел пишет: «Церкви Божьей в Коринфе» или «Церквям Галатии»).

Следующая мысль может показаться сложной, но она важна. Взаимосвязь между членством во вселенской церкви и членством в поместной церкви во многом похожа на взаимосвязь между праведностью, которую Бог дает нам по вере, и праведностью, которую мы являем в повседневной жизни. Бог объявляет нас праведными, когда мы начинаем верить. В то же время Бог призывает нас быть праведными. Если человек беззаботно продолжает жить неправедной жизнью, возникают обоснованные сомнения в том, что он вообще когда-либо обладал праведностью Христа (см. Рим. 6:1–18; 8:5–14; Иак. 2:14–15). То же самое и с людьми, которые не хотят присоединяться к поместной церкви. Стать членом поместной общины — это естественное действие: оно подтверждает то, что сделал Христос. Если у человека нет желания присоединиться к конкретной общине верующих, которые верят в Евангелие и проповедуют Библию, ему стоит подумать о том, принадлежит ли он к телу Христа вообще! Прислушайтесь к словам автора Послания к Евреям:

Будем держаться исповедания упования неуклонно, ибо верен Обещавший. Будем внимательны друг ко другу, поощряя к любви и добрым делам. Не будем оставлять собрания своего, как есть у некоторых обычай; но будем увещевать друг друга, и тем более, чем более усматриваете приближение дня оного. Ибо если мы, получив познание истины, произвольно грешим, то не остается более жертвы за грехи, но некое страшное ожидание суда и ярость огня, готового пожрать противников (Евр. 10:23–27).

Если мы действительно праведны перед Богом, этот наш статус отразится на наших поступках, пусть даже процесс освящения будет медленным и полным ошибок. Бог на самом деле меняет Свой народ. Разве это не прекрасно? Поэтому, дорогой друг, если вы не стремитесь к праведной жизни, пожалуйста, не успокаивайте себя призрачной мыслью о том, что обладаете праведностью Христа. Пусть вас не вводит в заблуждение странная концепция вселенской церкви, согласно которой можно принадлежать к церкви и не стремиться жить вместе с конкретной поместной общиной.

Конечно, бывают разные обстоятельства, но, как правило, настоящий христианин связывает свою жизнь с жизнью других верующих через общение в поместной церкви. Он знает, что еще не достиг совершенства. Он знает, что все еще грешник и ему нужно быть подотчетным поместному сообществу верующих, названному церковью. Он нуждается в наставлении верующих. Он нужен другим верующим.

Собираясь вместе для поклонения Богу, проявляя любовь друг ко другу и совершая добрые дела, мы, можно сказать, показываем на практике, что Бог примирил нас с собой и друг с другом. Мы являем миру, что *изменились* не тем, что заучиваем наизусть стихи из Библии, молимся перед едой, даем десятину и слушаем христианскую музыку, а тем, что готовы терпеть, прощать и даже любить грешников, таких же, как мы сами.

Ни вы, ни я не сможем проявлять любовь, радость, мир, терпение и доброту, если будем сидеть в одиночестве на острове. Мы демонстрируем все эти добродетели, когда люди, которых мы пообещали любить, дают нам повод *не* любить их, но мы все равно их любим.

Понимаете? Евангелие становится видимым прямо среди грешников, которые пообещали любить друг друга. Церковь изображает Евангелие, когда мы прощаем друг друга, как Христос простил нас; когда мы верны друг другу, как Христос верен нам; когда мы полагаем жизнь друг за друга, как Христос положил за нас Свою жизнь.

Вместе мы можем явить Евангелие Иисуса Христа так, как никогда бы не смогли поодиночке.

Я часто слышу, как верующие говорят о разных духовных дарах. Однако мало кто понимает, что Бог дал различные дары именно для того, чтобы их использовать в ответ на грех других верующих в церкви. Мои грехи дают вам возможность применить свои дары.

Поэтому соберите вместе мужчин и женщин, старых и молодых, черных и белых, азиатов и африканцев, богатых и бедных, необразованных и образованных, со всеми их дарами и способностями. Главное, чтобы *все эти люди* сознавали, что они — беспомощные грешники, спасенные одной лишь благодатью. Что у вас получится? Основа для церкви!

Если вы хотите любить *всех* христиан, я бы предложил вам для начала связать себя отношениями с конкретной группой *реальных* верующих со всеми их слабостями и недостатками. Побудьте с ними в горести и в радости лет так восемьдесят. Потом приходите, и мы поговорим с вами о том, как у вас дела с любовью ко всем верующим в мире.

Итак, кто в ответе за то, как должно выглядеть собрание людей, которое называется церковью? Пасторы и лидеры? Несомненно. А все остальные христиане? Конечно же, и они тоже. Быть христианином означает быть неравнодушным к жизни и здоровью тела Христа, церкви. Это означает заботиться о том, какая церковь сейчас и какой она должна быть, потому что вы принадлежите к церкви.

Собственно, мы небезразличны к церкви, потому что она есть тело нашего Спасителя. Помните,

что именно сказал Иисус Своему гонителю Сав-
лу, будущему Павлу, когда явился ему на дамас-
ской дороге? «Савл, Савл! Что ты гонишь *Меня*?»
(Деян. 9:4). Иисус полностью отождествляет себя
со Своей церковью, поэтому говорит о ней как
о самом себе! А вы отождествляете себя с теми,
с кем себя отождествляет ваш Спаситель? Пыла-
ет ли в вашем сердце та же страсть, что и в Его
сердце?

Недавно я получил письмо от одного пастора. В нем он выражал желание, чтобы члены его
паствы знали, какой должна быть церковь. Этот
смиренный человек хочет, чтобы церковь спра-
шивала с него, выполняет ли он свое предназначение, ведет ли он их к благодати и познанию Бога.
Этот пастор понимает, что Новый Завет говорит
об устройстве церкви. Он понимает, что однажды
он предстанет перед Богом, и тогда ему придется
дать отчет о том, как он управлял своей общиной.
Он верный пастырь, поэтому хочет, чтобы каждый
член его церкви осознавал, что однажды любой
верующий предоставит Богу отчет о своей любви
к ближним и Богу.

Бог спросит у каждого из них, радовался ли он
с другими членами тела, когда они радовались,
плакал ли с теми, кто плакал, считал ли, что слабые члены нужны, проявлял ли особое почтение
к тем, кто, с точки зрения других, не заслуживал

почета, оказывал ли двойную честь тем, кто руководил и учил (см. 1 Кор. 12:22–26; 1 Тим. 5:17).

Христианин, готов ли ты встретить тот день, когда Бог спросит у тебя, как ты любил людей в своей церкви и служил им, в том числе руководителям? Знаешь ли ты, что Бог говорит о том, какой должна быть церковь?

Пастор, подготовил ли ты свою церковь дать такой отчет? Учил ли ты свое стадо тому, какой должна быть церковь? Донес ли ты до них, что они тоже в ответе за то, верен ли ты Евангелию?

Глава 2

ЧТО ТАКОЕ ЦЕРКОВЬ
И ЧЕМ ОНА НЕ ЯВЛЯЕТСЯ

Во введении я спросил вас, чего вы ожидаете от церкви и что говорит о церкви Библия, но своего ответа на эти вопросы я не дал. Конечно, это непростые вопросы. Сегодня христиане ожидают от церкви самого разного.

Помню, еще во время учебы в магистратуре у меня состоялся разговор с одним другом. Он был сотрудником христианской организации, не связанной ни с какой конкретной церковью. Мы с ним несколько лет ходили в одну общину. Я был членом этой общины, а он — нет. Более того, он приходил только на воскресное утреннее богослужение и, не дожидаясь окончания богослужения, ускользал сразу после проповеди.

Однажды я решил спросить, почему он так формально посещает церковь. Он ответил:

— Просто я не получаю никакого назидания от остальной части богослужения.

— А ты когда-нибудь задумывался о том, чтобы присоединиться к церкви? — спросил я.

Он искренне удивился моему вопросу и ответил:

— Присоединиться к церкви? Честно говоря, я не вижу в этом смысла. Я знаю свое призвание, а все эти люди будут только тормозить мое дело.

В его тоне не было презрения. Он говорил искренне, как одаренный евангелист, которому не хочется упустить ни часа времени, данного ему Господом. Он размышлял о том, чего он ожидает от церкви, но пришел к выводу, что в целом его не интересуют другие члены церкви, по крайней мере, той церкви. Ему нужно было место, куда можно прийти послушать хорошую проповедь и получить духовный заряд на следующую неделю.

Его слова все звучали в моей голове: «Эти люди будут только тормозить мое дело». Мне тогда много чего хотелось ему сказать. Но сказал я лишь одно:

— А ты никогда не думал, что если присоединишься к этим людям, то можешь помочь им ускориться? Может быть, в этом есть часть Божьего замысла и для них, и для тебя?

Я бы тоже хотел ходить в церковь, где каждое воскресенье звучит хорошая проповедь. Но ведь слова «тело Христа» подразумевают намного больше, правда же?

Как я уже говорил в 1-й главе, церковь — это не место. Это не здание. Это не зал, где звучат проповеди. Это не контора по оказанию духовных услуг. Это народ, новозаветный, искупленный кровью Божий народ. Поэтому Павел написал: «Христос возлюбил церковь и предал себя за нее» (Еф. 5:25). Он отдал себя не за место, а за людей.

Именно поэтому церковь, в которой я служу пастором, начинает свое утреннее воскресное собрание не со слов «добро пожаловать в Баптистскую церковь на Капитолийском холме», а со слов «добро пожаловать в *собрание* Баптистской церкви на Капитолийском холме». Мы люди, которые собираются. Да, это мелочь, но мы стараемся подчеркнуть важное даже в словах приветствия.

Когда мы помним, что церковь — это люди, нам легче отделять главное от второстепенного. Этот принцип мне помогает. Скажем, иногда у меня появляется искушение составить свое представление о церкви на основании чего-то малозначительного, например музыки, которая в ней звучит. Что ни говори, а на стиль церковной музыки мы обращаем внимание в первую очередь и, как правило, реагируем на него очень эмоционально. Музыка вызывает у нас определенные *ощущения*. Но показываю ли я на практике, что люблю Христа и Его народ, если решаю уйти из церкви из-за того, что мне не нравится музыка, которая там звучит? Или если, будучи пастором, пренебрегаю мнением большей части общины, решая осовременить музыкальный стиль в церкви? В таких ситуациях я как минимум забываю, что по сути церковь — это не место, а люди.

В то же время Библия учит христиан не быть безразличными к тому, что происходит в церкви, — к тому, чем она *занимается*. Собственно, вторая половина этой книги посвящена как раз этой теме.

Как нам одновременно проявлять заботу о самих людях и о том, чем они занимаются? Если бы эта книга была посвящена воспитанию детей в христианской семье, я бы писал о том, что конкретно нужно *делать*: вместе ужинать, вместе читать Писание, вместе отдыхать, молиться друг за друга и так далее. При этом не нужно было бы отдельно говорить, что родители совершают ошибки, а дети остаются детьми, — это было бы и так понятно. Семья — это не просто организация, это группа людей.

То же самое и с церковью. Может быть, *действия* какой-то церкви не соответствуют вашим ожиданиям. Скажем, вы считаете, что ее форма руководства небиблейская (этот вопрос я еще затрону). Если это так, помните, что эти люди все еще продолжают возрастать в благодати. Любите их. Служите им. Относитесь к ним с терпением. Вспоминайте, как устроена семья. Что вы делаете, когда выясняется, что ваши родители, братья, сестры или дети не соответствуют вашим ожиданиям? Тут же выгоняете их? Надеюсь, вы их прощаете и проявляете к ним терпение. Возможно, такие ситуации побуждают вас самих снизить планку. Применяйте те же правила к церкви: спрашивайте самих себя, готовы ли вы любить и терпеть членов церкви, если их мнение отличается от вашего, если они не соответствуют вашим ожиданиям и даже согрешают против вас. (Разве мы с вами никогда не согрешаем и не нуждаемся в прощении?)

Конечно, всему есть предел. Бывают церкви, к которым лучше не присоединяться, в которых лучше не быть пастором и в которых лучше не оставаться. К этому вопросу мы еще вернемся, когда будем говорить об основных признаках церкви. Пока для нас лишь важно подчеркнуть главный принцип: церковь — это люди. Что бы мы ни искали в церкви, что бы мы от нее ни ожидали, нам нужно руководствоваться этим простым библейским принципом.

Хочу сказать еще об одном заблуждении в отношении церкви. Его часто можно встретить среди пасторов. Церковь — это не только не место. Церковь — это также не цифра. В студенческие годы мне попалось письмо XIX века — его написал пастор Джон Браун одному из своих студентов, которого совсем недавно назначили служителем в маленькой общине. Там были такие слова:

> Я знаю суетность твоего сердца и твою печаль из-за малости твоей общины в сравнении с церквями других братьев. Однако будь уверен в словах старика, что, когда ты будешь давать отчет о вверенных тебе людях Господу Христу перед Его престолом, ты поймешь, что их у тебя было достаточно[1].

Когда я подумал о своей общине, в которой Бог поставил меня служить, я осознал, что день отчета накладывает огромную ответственность. Хотел ли я быть пастором большой церкви? Известной, всеми обсуждаемой? Церкви, которая бы чем-то впечатляла и поражала?

Может быть, я хотел просто «потерпеть» этих людей, пока мне не представится возможность сделать церковь такой, какой я хочу ее видеть? Нет ничего плохого в том, чтобы мечтать о переменах в церкви. Но не приводят ли меня эти мечты о будущем в состояние безразличия или даже

---

[1] James Hay and Henry Belfrage, *Memoir of the Rev. Alexander Waugh* (Edinburgh: William Oliphant and Son, 1839), 64–65.

раздражения по отношению к святым, которые окружают меня в настоящем?

Помню ли я, что эти несколько десятков душ, в большинстве своем преклонного возраста, которые сидят передо мной в зале на восемьсот мест, обладают вечной ценностью? Люблю ли я это малое стадо и служу ли им, даже если их небиблейские комитеты, старомодные традиции и безвкусные, с моей точки зрения, песни мешают мне осуществлять в церкви необходимые (как мне кажется) перемены? Я знаю, что в такое настроение, когда мы просто «терпим» церковь, ожидая, пока она не изменится, впадают не только пасторы.

Церковь — это народ, а не место или цифры на бумаге. Это тело, соединенное с Головой. Это семья, возникшая в результате усыновления во Христе.

Я молюсь о том, чтобы каждый из нас, пасторов, лучше осознавал свою огромную ответственность за стадо, которое Бог поручил нам пасти.

Но я также молюсь о том, чтобы ты, христианин, старейшина ли ты в церкви или только недавно пришел к вере, с каждым днем все лучше осознавал, что обязан любить свою церковную семью, служить ей, поддерживать ее и призывать к ответу. Понятно, почему Каин был неправ, когда отмахнулся от Господа словами: «Что я, сторож брату моему?», ведь Авель был его родным братом. Но я надеюсь, что сейчас вы осознаете, если до этого еще не осознавали, что за братьев и сестер в церкви мы несем еще большую ответственность.

Около Него сидел народ. И сказали Ему: вот, матерь Твоя и братья Твои и сестры Твои, вне дома, спрашивают Тебя. И отвечал им: кто матерь Моя и братья Мои? И обозрев сидящих вокруг Себя, говорит: вот матерь Моя и братья Мои; ибо кто будет исполнять волю Божию, тот Мне брат, и сестра, и матерь (Мр. 3:32–35).

Глава 3

КАЖДАЯ ЦЕРКОВЬ ДОЛЖНА СТРЕМИТЬСЯ БЫТЬ ЗДОРОВОЙ

Если вы христианин и у вас есть дети, чего вы желаете им больше всего? Если вы растете в христианской семье, чего вы хотите для нее?

Наверняка вам хочется, чтобы в семье царили любовь, радость, святость, единодушие и благоговение перед Господом. Может быть, лично вам захочется добавить к этому списку что-то еще. Но все вышеперечисленное можно описать одним простым словом — *здоровая*. Вы хотите, чтобы ваша семья была здоровой, чтобы все члены семьи вместе жили, трудились и любили друг друга так, как и предназначил Бог семье.

То же самое и с церковью. Я думаю, что христиане, будь то пасторы или члены церкви, должны делать все, чтобы их церковь была здоровой.

Может быть, для описания идеальной церкви есть более подходящее слово, чем «здоровая»? Мы ведь говорим о народе, искупленном кровью вечного Сына, Царя царей и Господа господствующих. Неужели я не мог подобрать слова получше? Однако я сознательно использую слово «здоровая», потому что оно несет в себе идею живого и растущего тела. Скорее всего, у этого тела есть свои проблемы. Оно не функционирует идеально, но оно развивается. Оно делает то, что должно, потому что его направляет Божье Слово.

Я часто говорю своей общине, что, когда речь идет о борьбе с грехом, верующий от неверующего отличается не тем, что неверующий согрешает, а верующий — нет. Разница заключается в том, кто на какой стороне воюет. Верующие воюют на стороне Бога против греха, неверующие воюют на стороне греха против Бога. Другими словами, христианин согрешит, но затем он обратится к Богу и Его Слову и скажет: «Помоги мне бороться с грехом». Неверующий, даже если и признает свой грех, по сути, говорит: «Грех для меня дороже Бога».

Здоровая церковь — это не совершенная и не безгрешная церковь. В ней есть к чему придраться. Но здоровая церковь в битве с обманом и похотями этого мира, с плотью и дьяволом всегда старается быть на стороне Бога. Она постоянно стремится во всем соответствовать Божьему Слову.

Сейчас я дам точное определение понятия «здоровая церковь», а потом мы рассмотрим несколько отрывков Писания, на которых это определение основано: *здоровая церковь — это община, которая с течением времени все лучше отражает Божий характер, явленный в Его Слове.*

Поэтому, если бы какой-нибудь пастор спросил меня, какой должна быть церковь в идеале, я бы ответил: здоровой, такой, которая с течением времени все лучше отражает Божий характер, явленный в Его Слове.

Что бы я посоветовал христианину, который ищет церковь? В какую церковь стоит ходить, в какой стоит служить, с какой строить отношения? Я бы сказал, что стоит связать свою жизнь со здоровой церковью, с такой, которая с течением времени все лучше отражает Божий характер, явленный в Его Слове.

Я намеренно использовал в предыдущих абзацах условное наклонение по двум причинам. Во-первых, я не утверждаю, что дал единственно правильное и исчерпывающее определение того, какой должна быть церковь. Мы определяем это понятие в зависимости от ситуации и цели. Один автор, например, в своей книге может критиковать законничество или аморальное поведение в церквях, поэтому начинает говорить о церкви со следующего утверждения: «Самое главное, чтобы в центре церковной жизни находился крест». Да и аминь, отвечу я. Другой автор, может быть, хочет указать на то, что в наших церквях Писанию уделяют мало внимания. В этом случае он будет настаивать, что в центре церковной жизни должна находиться Библия. С этим утверждением я тоже полностью согласен.

Во-вторых, я не считаю, что никто лучше меня не сможет сформулировать эту идею. Я просто попытался сделать максимум из того, на что в данный момент способен, чтобы обозначить главную, с моей точки зрения, библейскую задачу каждой церкви — отражать Божий характер, раскрытый в Его Слове.

Какому христианину не захочется такого?

Чтобы отражать Божий характер, раскрытый в Его Слове, логично начать с изучения этого Слова. Но, может быть, определяя, что церковь должна *делать* и какой должна *быть*, нам лучше начать с того, что «работает»? Во Втором послании к Тимофею, который был пастором эфесской церкви, Павел пишет, что Библия приготовит его «ко всякому доброму делу». Другими словами, нет таких добрых дел, к которым Писание не подготовило бы Тимофея — или нас с вами. Если нашей церкви кажется, что она должна быть такой-то и делать то-то, а Слово Божье об этом не говорит, значит, Павел был неправ, поскольку в этом случае нельзя сказать, что Писание готовит нас «ко всякому доброму делу».

Не думайте, что я призываю вас отказаться от здравомыслия, которым нас одарил Бог. Нет, я лишь предлагаю начать с Писания и посмотреть, что в нем есть.

Рассмотрим вкратце шесть эпизодов библейской истории — они помогут нам понять, почему нам нужна церковь, которая с течением времени все лучше отражает Божий характер, раскрытый в Его Слове. Вы знаете, что в Библии есть основная сюжетная линия, которая распадается на множество более мелких эпизодов. Наша цель — посмотреть на историю в целом и таким образом попробовать определить, чего Бог ожидает от церкви.

Творение

В книге Бытие сказано, что Бог создал растения и животных «по роду их». Каждое яблоко создано по образцу яблока. Каждая зебра создана по образцу зебры. О творении же человека Писание говорит так: «Сотворим человека по образу Нашему и по подобию Нашему» (1:26). Человек сотворен не по образцу человека. Он создан по образу Бога. Он уникально отражает Бога, он похож на Бога.

Поскольку только люди сотворены по образу Бога, они должны отражать Бога и Его славу перед остальным творением. Подобно сыну, который ведет себя как и его отец, а также занимается ремеслом отца (Быт. 5:1 и далее; Лк. 3:38), человек создан, чтобы представлять Божий характер и владычествовать над творением: «...и да владычествуют они над рыбами морскими, и над птицами небесными, и над скотом, и над всею землею, и над всеми гадами, пресмыкающимися по земле» (Быт. 1:26).

Грехопадение

Но человек отказался представлять владычество Бога. Он восстал против Него и решил представлять свое владычество. Тогда Бог дал человеку то, чего тот добивался, и изгнал его из Своего присутствия. Нравственная вина человека означает, что он больше не может сам приблизиться к Богу.

Сохранился ли в человеке образ Бога после грехопадения? Да, Бытие подтверждает, что падший человек по-прежнему является «образом» Бога (5:1; 9:6). Однако и сам образ, и процесс отображения исказились. Можно сказать, что зеркало стало кривым. Оно отражает неправильно, как зеркало в комнате смеха. Мы в какой-то мере отражаем Бога даже в грехе, хотя наш вид — это смесь правды и лжи. На богословском языке принято говорить, что человек стал и виновным, и испорченным.

Израиль

У Бога, полного милости, был план, как спасти некоторое количество людей и сделать так, чтобы Его первоначальный замысел реализовался и люди все-таки стали являть Его славу. Он пообещал человеку по имени Аврам, что благословит его и его потомков. А те, в свою очередь, станут благословением для всех народов (Быт. 12:1–3). Бог назвал этих людей святым народом и царством священников (Исх. 19:5–7). Он отделил их для того, чтобы они отражали характер Бога и Его славу перед остальными народами, исполняя закон, который Бог им дал (то есть делая то, что должен был делать Адам). Покажи миру, какой Я, говорил Бог Израилю. «Будьте святы, ибо Я свят» (Лев. 11:44; 19:2; 20:7).

Бог даже назвал этот народ Своим «сыном», потому что сын, как правило, идет по стопам своего отца (Исх. 4:22–23). Он пообещал, что будет жить вместе со Своим сыном на земле, которую ему дал и в которой народ смог бы являть славу Бога (3 Цар. 8:41–43).

Однако Бог также предупредил Своего сына, что если тот будет непослушным и не будет отражать святой характер Бога, то Он прогонит его с этой земли. Если говорить коротко, сын не послушался и Бог изгнал его из Своего присутствия и дарованной земли.

Христос

История древнего Израиля показала, что падший человек сам по себе не может отображать Бога, даже если у него есть Божий закон, даже если он живет на Божьей земле, даже если Бог присутствует рядом. Это урок смирения для всех нас! Только Бог может отображать Бога. Только Бог может спасти нас от греха и смерти.

Поэтому Бог послал Своего единственного Сына, чтобы Тот родился, «сделавшись подобным человекам и по виду став как человек» (Фил. 2:7). Этим возлюбленным Сыном Отец был полностью доволен. Этот Сын полностью подчинил себя господству Бога. Он сделал то, чего не сделал Адам, — противостал искушению сатаны: «Он же сказал ему в ответ: написано: не хлебом одним будет жить человек, но всяким словом, исходящим из уст Божьих», — сказал Он искусителю, когда постился в пустыне (Мтф. 4:4).

Он сделал то, чего не сделал Израиль. Он прожил всю жизнь в полном подчинении воле и закону Отца: «Я... ничего не делаю от Себя, но как научил Меня Отец Мой, так и говорю» (Ин. 8:28; см. также 6:38; 12:49).

Этот Сын, в совершенстве явивший Отца, мог сказать Своему ученику Филиппу: «Видевший Меня видел Отца» (Ин. 14:9).

Какой Отец, такой и Сын.

Авторы новозаветных посланий после назовут Его «образом Бога невидимого» (Кол. 1:15), «сиянием славы и образом ипостаси Его» (Евр. 1:3). Христос, будучи последним Адамом и новым Израилем, восстановил Божий образ в человеке.

Однако Христос не только явил славную Божью святость, проявив полное послушание закону. Он также отобразил Божью милость и любовь, когда умер за грешников на кресте и таким образом понес на себе наказание, которое они заслуживали (Ин. 17:1−3). Весь Ветхий Завет указывал на эту заместительную жертву. Вспомните животных, которые были убиты, чтобы покрыть наготу Адама и Евы после того, как те согрешили. Вспомните, как Бог послал Аврааму барана, запутавшегося в кустах, тем самым избавив Исаака от смерти. Вспомните Иосифа, сына Иакова, которого братья принесли в жертву, изгнали, чтобы однажды он смог спасти свой народ. Вспомните о том, как израильтяне мазали дверные косяки своего дома кровью ягненка, чтобы спасти первенцев. Вспомните о том, как они семьями приходили в храм и приносили жертвы за грех. Они возлагали свои руки на голову животного, а потом перерезали ему горло. «Вместо крови этого животного должна быть моя кровь», — говорили они. Вспомните, как первосвященник раз в год входил в святое святых, чтобы принести жертву умилостивления за весь народ. Вспомните слова пророка Исаии: «Но Он изъязвлен был за грехи наши и мучим за беззакония наши; наказание мира нашего было на Нем, и ранами Его мы исцелились» (Ис. 53:5).

Все это, а также многое другое указывало на Иисуса Христа, который поднялся на крест как жертвенный агнец Божий. Как Он сказал ученикам в горнице, Он пошел заключить «новый завет в Своей крови» ради всякого, кто раскается и поверит.

Церковь

Мы, бывшие мертвыми в своих грехах, ожили, когда крестились в смерть и воскресение Христа. Поэтому Павел заявляет: «Ибо все вы сыны Божьи по вере во Христа Иисуса; все вы, во Христа крестившиеся, во Христа облеклись» (Гал. 3:26–27). «А как вы — сыны, то Бог послал в сердца ваши Духа Сына Своего, вопиющего: „Авва, Отче!"» (Гал. 4:6–7).

Что должны делать эти многочисленные сыновья? Они должны отражать *характер*, *подобие*, *образ* и *славу* Сына и Отца на небесах!

Иисус говорит нам быть миротворцами, поскольку Отец примирил нас с собой через жертву Своего Сына (Мтф. 5:9).

Иисус говорит нам любить врагов, потому что небесный Отец возлюбил нас еще тогда, когда мы были Его врагами (Мтф. 5:45; Рим. 5:8).

Иисус говорит нам любить друг друга, потому что Он отдал Свою жизнь из любви к нам и потому что так мы покажем этому миру, какой Он (Ин. 13:34–35).

Иисус молился, чтобы мы были едины, как Он и Отец едины (Ин. 17:20–23).

Иисус говорит нам быть совершенными, как совершенен и наш небесный Отец (Мтф. 5:48).

Иисус призывает нас быть ловцами людей и искать учеников во всех народах (Мтф. 4:19; 28:19). Он посылает нас, как Отец послал Его (Ин. 20:21).

Какой Отец, такой и Сын, такие и сыновья.

В очищенном от греха благодаря делу Христа, ставшем новым творением, получившем благодаря Духу новое сердце Божьем народе начал восстанавливаться Божий образ. Христос — наш первенец (1 Кор. 15:23). Он открыл завесу и дал церкви возможность снова видеть образ Отца (2 Кор. 3:14, 16). Теперь мы созерцаем Его образ верой и «преображаемся в тот же образ от славы в славу» (2 Кор. 3:18).

Знаете, как определить, какую цель поставил Бог перед церковью, в двух стихах? Это сделал Павел:

> ...дабы ныне соделалась известною через Церковь начальствам и властям на небесах многоразличная премудрость Божия, по предвечному определению, которое Он исполнил во Христе Иисусе, Господе нашем (Еф. 3:10–11).

Как церковь отражает многоразличную мудрость Божью? Только премудрый Бог мог придумать, как примирить Свою любовь и справедливость и при этом спасти грешных людей, которые оказались отчужденными от Него и друг от друга. Только премудрый Бог мог придумать, как превратить каменное сердце в сердце из плоти, в сердце, которое любит и славит Его. Пусть космические силы всей Вселенной смотрят и изумляются.

Слава

Мы будем отражать Его в совершенстве, когда в совершенстве увидим Его во славе: «Знаем только, что, когда откроется, будем подобны Ему, потому что увидим Его, как Он есть» (1 Ин. 3:2). Мы будем святыми, как Он. Любящими, как Он. Едиными, как Он. Этот стих не обещает, что мы станем богами. Он обещает, что наша душа будет ярко сиять Его характером и славой подобно совершенному зеркалу, повернутому к солнцу.

Вы следили за развитием истории? Я еще раз повторю ее вкратце. Бог сотворил мир и человека, чтобы последний отражал Его славу. Адам и Ева были призваны отображать Божий характер, но не справились со своей задачей. Израиль с ней тоже не справился. Поэтому Бог послал Сына, чтобы тот показал Его святость и любовь, а также удалил гнев Бога за грехи этого мира. Во Христе Бог пришел, чтобы показать Бога. Во Христе Бог пришел, чтобы спасти.

Теперь церковь, которой дарована жизнь Христа и сила Святого Духа, призвана являть характер и славу Бога перед всей Вселенной, свидетельствуя словом и делом о Его великой мудрости и деле спасения.

Друг, что ты ищешь в церкви? Хорошую музыку? Приятную атмосферу? Традиционный порядок богослужения? А может, стоит поискать:

собрание прощенных бунтарей...
в которых Бог хочет явить Свою славу...
перед всем небесным сонмом...
потому что они говорят о Нем истину...
и все больше становятся похожими на Него —
в святости, в любви, в единстве?

Глава 4

ИНСТРУКЦИЯ О САМОМ ГЛАВНОМ: КАК ПОКАЗАТЬ БОЖИЙ ХАРАКТЕР

Признаюсь откровенно, я мало что умею делать по дому. Я не знаю, как мастерить полки для книг или паять провода. Я даже не знаю, для чего нужны некоторые кнопки на моем телефоне. И инструкция часто не помогает. Мне приходится прибегать к помощи родных или друзей.

К счастью, нехватка умений в некоторых практических вопросах не мешает мне следовать инструкции по самому главному вопросу — указаниям Библии о том, как церковь может отражать характер Бога славы. Принцип здесь простой: мы должны слушать Божье Слово и исполнять его. Всего два действия — слушать и исполнять.

Когда мы слушаем и исполняем Божье Слово, мы являем Божий характер и Его славу, как послы царя.

Или как сын. Представьте себе, что отец уехал за границу и написал оттуда сыну серию писем о том, как хранить честь семьи и как управлять семейным делом. А сын не прочитал ни одного письма. Как же он может научиться представлять отца и вести его дела? У него не получится. Не получится и у поместной церкви, которая пренебрегает Божьим Словом.

С тех пор как Адам за свое непослушание Богу был изгнан из Эдемского сада, все люди делятся на две категории: одни исполняют Божье Слово, а другие — нет. Ной исполнял. Строители Вавилонской башни не исполняли. Авраам исполнял. Фараон — нет. Давид исполнял. Большинство его сыновей — нет. Закхей исполнял. Пилат — нет. Павел исполнял. Лжеапостолы — нет.

Приведем примеры и из истории церкви. Афанасий исполнял. Арий — нет. Лютер исполнял. Рим — нет.

Я не претендую на то, что у меня есть непогрешимое откровение от Бога о людях, перечисленных в предыдущем абзаце. Однако библейская история ясно учит нас: от притворщиков и неверующих Божий народ отличается тем, что слушает Слово и внимает ему. Остальные — нет.

Именно эту мысль старается донести Моисей до израильтян, которые уже во второй раз подошли к границе земли обетованной, — это событие описано в книге Второзаконие. Моисей напоминает народу, что их родители уже стояли здесь сорок лет назад. Они не послушались. Бог проклял их, и все они умерли в пустыне. Содержание трех речей, занимающих почти тридцать глав, можно резюмировать очень просто: «Слушайте. Внимайте. Запишите. Помните, что сказал Бог. Он спас вас из египетского рабства, поэтому слушайте Его!» В 30-й главе Моисей сводит все сказанное к одному повелению: «Избери жизнь!» (ст. 19).

Божий народ будет иметь жизнь исключительно и полностью благодаря слушанию Слова Божьего и его исполнению. Все просто.

То же самое Бог говорит и новозаветной церкви. Он спас нас от рабства греха и смерти, когда мы услышали Его Слово и поверили (Рим. 10:17). Теперь нам нужно слушать и исполнять Его Слово. Чем больше мы слушаем и исполняем то, что Он сказал, тем лучше мы отражаем Его характер и славу.

Кто-то может возразить: звучит так, будто нужно сосредоточиться на себе. Разве церковь не должна быть ориентирована вовне, на миссию? На благовестие? Конечно же, церковь призвана благовествовать. Таким образом мы также показываем характер Бога. Иисус сказал: «Идите за Мною, и Я сделаю вас ловцами человеков» (Мтф. 4:19), или «Как послал Меня Отец, так и Я посылаю вас» (Ин. 20:21). Когда мы занимаемся миссионерством, благовестием или как-то иначе служим Царству, мы делаем это в соответствии со Словом

Бога, в данном случае — в соответствии с Евангелием от Матфея 4:19, Евангелием от Иоанна 20:21 и многими другими отрывками. Этим служением мы занимаемся не потому, что его придумал какой-то богослов, а нам всем его идея понравилась. Мы проповедуем, благовествуем, трудимся для распространения Царства, *потому что Бог в Своем Слове говорит нам это делать*.

В конце концов, все люди делятся не на тех, кто благовествует, и тех, кто не благовествует. Благовестие — это не *фундаментальный признак*, отличающий церковь от людей этого мира. Люди делятся на тех, кто слушает Бога, и тех, кто не слушает.

Поэтому **Матфей** свидетельствует, что Иисус говорил сатане: человек будет жить «всяким словом, исходящим из уст Божьих» (Мтф. 4:4), а Его последнее указание ученикам было таким: научите все народы, крестя их и «уча их соблюдать все, что Я повелел вам» (Мтф. 28:20).

Поэтому **Марк** записал притчу Иисуса о семени, которое может попасть в разную почву. Это притча о Слове Бога (Мр. 4). Некоторые принимают его. Некоторые — нет.

Поэтому **Лука** называет себя очевидцем и служителем Слова (Лк. 1:2) и передает нам обещание Иисуса: «Блаженны слышащие слово Божье и соблюдающие его» (Лк. 11:28).

Поэтому **Иоанн** подробно описывает последний разговор Иисуса с Петром, где Иисус трижды говорит ему кормить Его овец (Ин. 21:15–17).

Поэтому, когда в книге **Деяний** первая церковь собиралась вместе, ее члены «постоянно пребывали в учении апостолов, в общении и преломлении хлеба и в молитвах» (Деян. 2:42).

Поэтому Павел писал **римлянам**: «Итак, вера от слышания, а слышание — от слова Божьего» (Рим. 10:17).

Поэтому он сказал **коринфянам**, что «слово о кресте» — это «сила Божья» ко спасению (1 Кор. 1:18), ибо «благоугодно было Богу юродством проповеди спасти верующих» (1 Кор. 1:21). По этой же причине он позже написал им, что «мы не повреждаем слова Божьего», а ради вечного блага верующих открываем истину как она есть (2 Кор. 2:17; 4:2).

Поэтому он сказал **галатам**: «Кто благовествует вам не то, что вы приняли, да будет анафема» (Гал. 1:9).

Поэтому он сказал **ефесянам**: «В Нем и вы, услышав слово истины, благовествование вашего спасения, и уверовав в Него, запечатлены обетованным Святым Духом» (Еф. 1:13). Он также написал им, что «поставил одних апостолами, других — пророками, иных — евангелистами, иных пастырями и учителями, к совершению святых, на дело служения, для созидания Тела Христова, доколе все придем в единство веры и познания Сына Божьего, в мужа совершенного, в меру полного возраста Христова» (Еф. 4:11).

Поэтому он сказал **колоссянам**: «Слово Христово да вселяется в вас обильно, со всякою премудростью; научайте и вразумляйте друг друга псалмами, славословием и духовными песнями» (Кол. 3:16).

Поэтому он сказал **филиппийцам**, что благодаря его узам «большая часть из братьев в Господе... начали с большей смелостью, безбоязненно проповедовать слово Божье» (Фил. 1:14).

Поэтому он сказал **фессалоникийцам**: «Посему и мы непрестанно благодарим Бога, что, приняв от нас слышанное слово Божье, вы приняли не как слово человеческое, но как слово Божье, — каково оно есть по истине, — которое и действует в вас» (1 Фес. 2:13), а позже наставлял их: «Братья, стойте и держите предания, которым вы научены или словом, или посланием нашим» (2 Фес. 2:15).

Поэтому он говорил своему ученику **Тимофею**, что руководители, которых он избирал для церкви, должны «уметь учить», а дьяконы, которые служили в церкви, должны хранить «таинство веры в чистой совести» (1 Тим. 3:2, 9). В следующем письме он говорит Тимофею, что перед ним стоит одна основная задача:

Проповедуй слово, настой во время и не во время, обличай, запрещай, увещевай со всяким долготерпением и назиданием. Ибо будет время, когда здравого учения принимать не будут, но по своим прихотям будут избирать себе учителей, которые льстили бы слуху; и от истины отвратят слух и обратятся к басням (2 Тим. 4:2–4).

Поэтому он радовался вместе с **Титом**, что Бог «явил Свое слово в проповеди, вверенной мне по повелению Спасителя нашего Бога» (Тит. 1:3).

Поэтому Павел поощрял **Филимона** к тому, чтобы тот делился своей «верой». Слово «вера» в этом случае обозначает не субъективное эмоциональное состояние, а определенный набор верований (Флм. 6).

Поэтому автор Послания к **Евреям** предупреждал, что «слово Божье живо и действенно и острее всякого меча обоюдоострого: оно проникает до разделения души и духа, составов и мозгов, и судит помышления и намерения сердечные» (Евр. 4:12).

Поэтому **Иаков** напоминал своим читателям, что, «восхотев, родил Он нас словом истины». «Будьте же исполнители слова, а не слышатели только, обманывающие самих себя» (Иак. 1:18, 22).

Поэтому **Петр** писал святым, рассеянным по различным местам, что они возрождены «не от тленного семени, но от нетленного, от слова Божьего, живого и пребывающего вовек» (1 Пет. 1:23), также что «слово Господне пребывает вовек» (1:25). По этой же причине во втором письме он написал: «Никакого пророчества в Писании нельзя разрешить самому собою. Ибо никогда пророчество не было произносимо по воле человеческой, но изрекали его святые Божьи человеки, будучи движимы Духом Святым» (2 Пет. 1:20–21).

Поэтому **Иоанн** писал: «Кто соблюдает слово Его, в том истинно любовь Божья совершилась: из сего узнаем, что мы в Нем. Кто говорит, что пребывает в Нем, тот должен поступать так, как Он поступал» (1 Ин. 2:5–6); а также: «Любовь же состоит в том, чтобы мы поступали по заповедям Его» (2 Ин. 6). Поэтому он утверждал: «Для меня нет большей радости, как слышать, что дети мои ходят в истине» (3 Ин. 4).

Поэтому **Иуда** посвятил целое письмо тому, чтобы предупредить своих читателей о лжеучителях (Иуд. 4–16). В нем он обещает, что Господь идет «сотворить суд над всеми и обличить всех между ними нечестивых во всех делах, которые произвело их нечестие, и во всех жестоких словах, которые произносили на Него нечестивые грешники» (Иуд. 15).

И поэтому Иоанн в книге **Откровение** похвалил церковь в Филадельфии: «Ты не много имеешь силы, и сохранил слово Мое, и не отрекся от имени Моего» (Откр. 3:8).

Друг, церковь живет, пока слушает Божье Слово. Предназначение церкви — жить по Слову Бога и являть Бога. Ее главная задача — слушать и повторять. Вот и все. Многие церкви сегодня мучительно пытаются быть «актуальными», «современными», пытаются «угадать будущее» — так или иначе страстно хотят соответствовать времени. Нужно разобраться в том, как быть верными — как слушать, доверять и исполнять.

В этом смысле мы очень похожи на Израиль накануне завоевания земли обетованной. Бог говорит нам: «Церковь! Слушай и исполняй!» К счастью, в отличие от израильского народа мы имеем полное откровение Бога в Иисусе Христе. У нас также имеется Дух Его Сына, который есть печать и залог нашего искупления. Вот почему нам нужно продолжать слушать, когда мы перейдем ко второй части этой книги. Чему еще Бог учит нас в Своем Слове о здоровой церкви? Девять признаков здоровой церкви, которые мы будем обсуждать, — это не моя выдумка. Это мой способ призвать *всех нас* слушать дальше. Откройте содержание книги, и вы поймете, что я имею в виду: разъяснительная (или *библейская*) проповедь, *библейское* богословие, *библейское* понимание Евангелия, *библейское* понимание обращения, *библейское* понимание членства в церкви, *библейские* принципы церковной дисциплины и так далее.

Даже если вы не согласитесь со всем написанным в последующих главах, я надеюсь, что это будет связано лишь с различным восприятием мной и вами сказанного в Библии. Другими словами, я надеюсь, что ваше понимание устройства и служения поместной церкви будет результатом слушания Его Слова.

СОВЕТЫ ТЕМ, КТО СОБИРАЕТСЯ УХОДИТЬ ИЗ ЦЕРКВИ

Прежде чем принимать решение о переходе

1. Молитесь.
2. Оповестите пастора своей нынешней церкви о вашем намерении, прежде чем вы перейдете в другую церковь или переедете в другой город. Обратитесь к нему за советом.
3. Подумайте, что вами движет. Не хотите ли вы уйти, потому что согрешили, пребываете в конфликте с кем-то, разочаровались? Если ваше решение связано с вопросами вероучения, насколько серьезны эти вопросы?
4. Сделайте все от вас зависящее, чтобы восстановить разрушенные отношения.

5. Обязательно вспомните все «проявления благодати», то есть видимые признаки Божьего действия, которые вы наблюдали в жизни этой церкви. Если вы не замечаете никаких признаков действия Божьей благодати, возможно, вам нужно еще раз исследовать собственное сердце (Мтф. 7:3–5).

6. Проявите смирение. Не забывайте, что не владеете всей информацией, поэтому осторожно оценивайте людей и обстоятельства (думайте о людях как можно лучше).

7. Не вносите разделений в тело.

8. Изо всех сил старайтесь не сеять недовольство даже среди ближайших друзей. Помните, что ваши слова и действия не должны помешать им возрастать в благодати в этой церкви. Не позволяйте себе сплетничать (иногда мы это называем «выпустить пар» или «рассказать о своих переживаниях»).

9. Молитесь за общину и благословляйте ее и ее руководителей. Подумайте, какую пользу вы можете им принести.

10. Если есть обида — простите, как Бог вас простил.

Часть 2

ОСНОВНЫЕ ПРИЗНАКИ
ЗДОРОВОЙ ЦЕРКВИ

ОСНОВНЫЕ ПРИЗНАКИ
ЗДОРОВОЙ ЦЕРКВИ

Мы уже решили, что хотим, чтобы церкви были здоровые. Мы хотим, чтобы люди в общинах все лучше отражали характер Бога, открытый в Его Слове. Церкви могут быть большими. Церкви могут быть маленькими. Церкви могут быть городскими и деревенскими, традиционными и современными. Церкви могут собираться в жилых домах, в общественных зданиях, в школах или возле магазина. Главное, чтобы они показывали миру святость и любовь нашего Бога. Пусть каждая церковь свидетельствует о чудесной славе Бога словом и делом.

Сейчас нам предстоит ответить на вопрос, *каковы признаки здоровой церкви.*

Если бы разговор шел о нашем физическом здоровье, то мы обсуждали бы такие темы, как правильное питание, физические упражнения, сон и тому подобное. А что мы должны обсуждать, если говорим о теле церкви?

В этой и следующей частях книги я опишу девять признаков здоровой церкви. Этими признаками не исчерпывается все, что можно сказать о церкви. Они даже не обязательно относятся к ключевым элементам церкви. Например, любой, кто изучал историю церкви, скажет, что крещение и вечеря Господня являются важнейшими элементами церкви. Однако я о них непосредственно не говорю, потому что практически любая церковь как минимум старается крестить и проводить вечерю. Девять признаков, которые мы будем обсуждать, сочетают в себе то, что отличает здоровую, библейскую церковь от ее многих болеющих сестер. Сегодня не так часто доводится встречать эти девять признаков, поэтому нужно обратить на них особое внимание и развивать их в наших церквях.

Данную часть книги я посвящу описанию того, что называю тремя *основными* признаками здоровой церкви. Эти признаки обязательны во всех отношениях. Заберите у церкви разъяснительную проповедь, библейское богословие и библейское понимание Благой вести — и здоровье этой церкви моментально пошатнется. Более того, церковь вскоре прекратит свое существование (даже если ее двери формально останутся открытыми).

К сожалению, история церкви знает множество примеров, когда пасторы из благих намерений пытались сделать свою церковь более «современной», жертвуя одним из этих трех признаков.

В каком-то смысле они пытались быть мудрее Бога. Друзья, не идите по этому пути.

Если мне позвонит человек и скажет, что церковь приглашает его на пасторское служение, но не хочет слушать разъяснительные проповеди, я, скорее всего, посоветую ему не принимать предложение. Если мне позвонит христианка и скажет, что с кафедры ее церкви постоянно звучит ложное Евангелие, я, скорее всего, посоветую ей найти другую церковь.

Почему я так категоричен? По той же причине, по которой я буду отговаривать человека идти в ресторан, где подают не еду, а только ее изображение. Божье Слово и только Божье Слово дает жизнь!

Глава 5

ОСНОВНОЙ ПРИЗНАК ЗДОРОВОЙ ЦЕРКВИ: РАЗЪЯСНИТЕЛЬНАЯ ПРОПОВЕДЬ

Если здоровая церковь — это община, которая со временем все лучше отражает характер Бога, раскрытый в Его Слове, то созидание здоровой церкви естественно начинать с призыва слушать Божье Слово. Божье Слово — это источник жизни·и здоровья. Именно оно кормит церковь, дает ей развитие, сохраняет в чистоте ее понимание Евангелия.

По сути это означает, что и пастор, и община должны понимать важность разъяснительной проповеди. Разъяснительная проповедь — это такая проповедь, которая, как следует из ее названия, *разъясняет* Божье Слово. Проповедник обращается к отрывку из Писания, разъясняет его, а затем применяет к жизни общины. Такая проповедь в первую очередь направлена на то, чтобы люди понимали, что Бог говорит и Своему народу, и тем, кто к нему не принадлежит.

Приверженность разъяснительной проповеди — это приверженность слушанию Божьего Слова.

Существует и много других видов проповеди. Например, тематическая проповедь рассматривает один или несколько отрывков на определенную тему, скажем, о молитве или пожертвованиях. Биографическая проповедь посвящается жизни какого-либо героя Библии и указывает на проявления в ней Божьей благодати, а также подчеркивает, что герой проповеди должен служить примером надежды и верности. Такие проповеди можно читать время от времени. Однако стандартный рацион церкви должен состоять из объяснения и применения определенных порций Божьего Слова.

Разъяснительная проповедь предполагает, что слова Бога авторитетны для Его народа: Его народ *должен* слышать Его Слово, он *нуждается* в нем, иначе в общине не будет определенных самим Богом средств преображения людей в Божий образ. Она предполагает, что Бог хочет, чтобы церковь изучала оба завета и книги разных жанров — закон, историю, мудрость, пророчества, евангелия и послания. Я думаю, что проповедника, который разъясняет главу за главой, книгу за книгой, который периодически обращается к разным книгам и из Ветхого, и из Нового Завета, можно сравнить с матерью, которая кормит своих детей разными

продуктами, а не только двумя или тремя люби-
мыми блюдами.

Власть проповедника, разъясняющего Писание, начинается с Писания и заканчивается им.
Христианские проповедники сегодня похожи
на пророков в Ветхом Завете и апостолов в Новом
Завете: Бог им сказал не просто идти и говорить,
а доносить до людей определенное послание. Они
обладают властью говорить от Бога в той мере,
в которой они говорят Его слова.

Человек может с радостью признавать, что
Божье Слово авторитетно и Библия непогреши-
ма. Но если он на практике (сознательно или неосоз-
нанно) не занимается разъяснительной пропове-
дью, он противоречит своим убеждениям.

Иногда люди путают разъяснительную проповедь со стилем определенного проповедника, разъяснительные проповеди которого они слышали.
Однако отличительной чертой разъяснительной
проповеди является не стиль. Как кто-то справед-
ливо заметил, суть разъяснительной проповеди
не в том, *как говорит проповедник*, а в том, *как
проповедник решает*, что ему сказать. Что опреде-
ляет содержание проповеди? Писание? Разъяснительную проповедь отличают не форма или стиль.
Стили могут быть разные. Ее отличает библейское
содержание.

Иногда люди принимают за разъяснительную такую проповедь, в которой проповедник сначала читает стих, а затем рассуждает на тему, лишь отдаленно связанную с этим стихом. Но если проповедник сам выбирает тему для назидания, а затем пользуется цитатами из Писания только для того, чтобы подтвердить свою мысль, его проповеди никогда не выйдут за рамки того, что он уже знает. И община будет знать только то, что уже знает он. Разъяснительная проповедь требует большего — пристального внимания к контексту: ее главная идея должна отражать главную мысль рассматриваемого отрывка. Только в этом случае и проповедник, и его община услышат от Бога то, что не было предусмотрено замыслом проповедника в тот момент, когда он приступал к подготовке своей проповеди. («На следующей неделе мы будем изучать 1-ю главу Евангелия от Луки. Посмотрим, что Бог скажет нам через нее. Через неделю мы будем изучать 2-ю главу Евангелия от Луки. Посмотрим, что Бог скажет нам через нее. Через две недели...»)

Мы увидим, что в этом есть смысл, если посмотрим на каждый этап своей христианской жизни, начиная с призыва к покаянию и заканчивая тем моментом, когда в последний раз Святой Дух обличал нас. Мы возрастали в благодати всякий раз, когда слышали от Бога то, чего не слышали раньше, правда же?

Разъяснительная проповедь — это форма подчинения проповедника Писанию, поэтому она обязательно должна присутствовать в его служении. Однако не забывайте: ответственность за то, чтобы проповедники следовали этому принципу, в конечном итоге лежит на общине. Учение Иисуса в 18-й главе Евангелия от Матфея предполагает, что община ответственна за происходящее в церкви. То же самое мы видим в высказываниях Павла в 1-й главе Послания к Галатам. Поэтому церковь никогда не должна доверять духовный надзор за телом человеку, который на практике не доказывает свою приверженность слушанию и разъяснению Божьего Слова. Если же церковь допустит такое, то тем самым замедлит свой духовный рост, поскольку не сможет вырасти выше уровня своего пастора. Церковь будет постепенно уподобляться образу своего пастора, а не образу Бога.

Божий народ всегда создавался Божьим Словом. От сотворения, описанного в 1-й главе Бытия, до призвания Аврама в 12-й главе той же книги, от видения долины сухих костей в 37-й главе книги пророка Иезекииля до прихода живого Слова, Иисуса Христа, Бог всегда создавал Свой народ Своим словом. Павел писал римлянам, что вера от слышания, а слышание — от слова Христа (Рим. 10:17), а коринфянам говорил следующее: «Ибо когда мир своею мудростью не познал

Бога в премудрости Божьей, то благоугодно было Богу юродством проповеди спасти верующих» (1 Кор. 1:21).

Здравая разъяснительная проповедь часто оказывается источником подлинного роста церкви. Мартин Лютер на собственном опыте убедился, что тщательное следование Слову Божьему производит изменение церкви, ее реформацию. Мы точно так же должны стремиться к тому, чтобы наши церкви всегда реформировались Божьим Словом.

Как-то я проводил в одной лондонской церкви семинар, посвященный пуританам. В определенный момент я упомянул, что проповеди пуритан иногда могли длиться по два часа. Один из слушателей громко ахнул и спросил: «А сколько же времени у них оставалось на поклонение?» Очевидно, этот человек считал, что слушание проповедуемого Божьего Слова не является поклонением. Я ответил, что многие протестанты-англичане прошлых веков самой главной частью поклонения признавали *слушание* Божьего Слова на родном языке (право, завоеванное кровью многих мучеников) и *отклик* на него в жизни. Хотя пение присутствовало и имело свое значение, прихожан все же мало беспокоило, останется на него время или нет.

Наши церкви также должны заново открыть для себя первостепенность Слова в поклонении. Музыка — это предписанный Библией отклик на Слово Бога. Но Бог дал нам музыку не для того, чтобы мы строили на ней церковь. Церковь, построенная на музыке (не важно, какого стиля), — это церковь, построенная на зыбучих песках.

Христианин, проси в молитве, чтобы твой пастор преданно, внимательно и тщательно исследовал Писание. Молись, чтобы Бог помогал ему понимать Слово, с мудростью применять его к себе и к жизни церкви (см. Лк. 24:27; Деян. 6:4; Еф. 6:19–20). Предоставляй пастору достаточно времени в будние дни, чтобы он мог готовить хорошие проповеди. Проповедь — это *основополагающий* элемент пасторского служения. Говори пастору слова ободрения: рассказывай о том, как ты вырос в Божьей благодати через его верность Слову.

Пастор, молись за самого себя и проси того же. Молись за церкви, которые проповедуют Божье Слово в твоем районе, городе, стране и по всему миру. И наконец, молись, чтобы наши церкви были преданны слушанию Божьего Слова в разъяснительной проповеди и таким образом план развития каждой церкви все в большей мере формировался Божьим планом, открытым в Писании. Приверженность разъяснительной проповеди — это основной признак здоровой церкви.

Глава 6

ОСНОВНОЙ ПРИЗНАК ЗДОРОВОЙ ЦЕРКВИ: БИБЛЕЙСКОЕ БОГОСЛОВИЕ

Как вы думаете, что означает выражение, выделенное курсивом: «Знаем только, что, когда откроется, *будем подобны Ему*, потому что увидим Его, как Он есть» (1 Ин. 3:2)?

Если вы внимательно читали о том, как развивалась библейская история (об этом я писал в 3-й главе), то наверняка знаете, что эти слова означают: в конце времени церковь будет в совершенстве отражать любовь и святость Бога, поскольку грех уже не станет оказывать на нее губительного влияния.

Но если бы вы ходили в Мормонскую скинию, то услышали бы там другую интерпретацию: «будем подобны Ему» означает, что мы все станем богами!

Чем отличаются эти два толкования? Первое толкование основано на богословии всей Библии, второе — нет.

В предыдущей главе мы сказали, что для здоровья церкви необходима разъяснительная проповедь. Однако любым методом, каким бы хорошим он ни был, можно злоупотребить. Важно не только *как* мы учим церковь, но и *чему* мы ее учим. Поэтому второй основной признак здоровой церкви — это библейское богословие, или богословие, основанное на Библии. Иначе мы будем толковать отдельные стихи так, как нам захочется.

Хотя слово «здравость» несколько старомодное, все же мы должны ценить здравость в понимании Бога Библии и Его отношения к нам. В пасторских посланиях Тимофею и Титу Павел использует слово «здравый» несколько раз. Оно означает «надежный», «точный», «верный». Его основное значение лежит в области медицины. Здравый — это здоровый. Таким образом, здравое библейское богословие — это богословие, которое верно отражает учение всей Библии. Оно правильно и точно истолковывает части через призму целого.

В первом письме Тимофею Павел говорит, что «*здравое* учение» — это учение, которое соответствует Евангелию и отвергает безбожие и грех (1 Тим. 1:10–11). Далее он противопоставляет лжеучения «*здравым* словам Господа нашего Иисуса Христа и учению о благочестии» (1 Тим. 6:3).

Во втором письме Тимофею Павел призывает: «Держись образца здравого учения, которое ты слышал от меня, с верой и любовью во Христе Иисусе» (2 Тим. 1:13). Затем он предупреждает Тимофея, что «будет время, когда здравого учения принимать не будут, но по своим прихотям будут избирать себе учителей, которые льстили бы слуху» (2 Тим. 4:3).

В письме другому молодому пастору, Титу, Павел высказывает ту же обеспокоенность. Он говорит, что всякий мужчина, которого Тит назначает на служение пресвитера церкви, должен быть держащимся «истинного слова, согласного с учением, чтобы он был силен и наставлять в здравом учении и противящихся обличать» (Тит. 1:9). Лжеучителей нужно обличать, чтобы «они были *здравы* в вере» (Тит. 1:13). И наконец, Тит должен говорить то, что сообразуется «со *здравым* учением» (Тит. 2:1).

Пасторы призваны преподавать здравое учение — учение, которое надежно, точно и соответствует Библии. Церкви же, в свою очередь, ответственны за то, чтобы их пасторы придерживались здравого учения.

У нас нет возможности описать все составляющие здравого учения, потому что для этого понадобилось бы пересказать всю Библию. Но на практике каждая церковь сама решает, в чем она требует полного согласия, в чем допускает некоторые разногласия, а в чем дает полную свободу.

В вашингтонской церкви, где я несу служение, мы требуем, чтобы каждый член верил в спасение только через Иисуса Христа. Мы также придерживаемся одинаковых (или практически одинаковых) взглядов на крещение по вере и церковное устройство (на вопрос о том, кто обладает правом окончательного принятия решений). Вопросы крещения и церковного устройства не влияют на спасение, но согласие по ним имеет практическую ценность и придает здоровья церковной жизни.

В то же время наша церковь допускает некоторые разногласия в вопросах, которые не влияют ни на спасение, ни на практическую жизнь церкви. Мы все согласны с тем, что Христос вернется, но у нас есть разные мнения о времени Его возвращения.

И наконец, наша церковь дает полную свободу в периферийных вопросах, где еще меньше ясности: например, допустимо ли вооруженное противостояние и кто написал Послание к Евреям.

За всем этим стоит один общий библейский принцип: чем ближе мы подходим к сердцу нашей веры, тем больше единства мы ожидаем в понимании веры — в здравом библейском учении. В ранней церкви об этом говорили так: в главном — единство, во второстепенном — разнообразие, во всем — любовь.

Церковь, приверженная здравому учению, будет говорить о библейских доктринах, которыми в церквах часто пренебрегают. Нам может казаться, что некоторые учения трудны для восприятия или даже вызывают разделения. Однако мы можем быть уверены, что Бог включил их в Свое Слово, потому что они необходимы для понимания Его дела спасения.

Святой Дух не глуп. Если Он что-то открыл в божественной книге, которую должен читать весь мир, то церкви не должны считать, будто они поступают особенно мудро, когда избегают определенных тем. Нужно ли, затрагивая ту или иную тему, проявлять пасторскую мудрость и аккуратность? Разумеется. Нужно ли полностью избегать этих тем? Конечно же, нет. Если мы хотим, чтобы наши церкви следовали здравому библейскому учению, то должны принимать все, что есть в Библии.

Например, библейского учения об избрании многие избегают, потому что считают эту тему слишком сложной и запутанной. Хотя в избрании не все до конца понятно, учение об избрании показывает, что первопричиной нашего спасения являемся не мы, а Бог.

Есть определенный набор важных вопросов, на которые Библия дает ответы, но о которых церкви предпочитают молчать. Например:

◇ Каков человек по природе: хороший или плохой? Человек нуждается в ободрении и повышении самооценки или же в прощении грехов и новой жизни?

◇ Что происходит, когда человек становится христианином?

◇ Если мы христиане, можем ли мы быть уверены в том, что Бог никогда не перестанет заботиться о нас? Если можем, то на чем основана наша уверенность: на нашей верности Ему или на Его верности нам?

Ответы на все эти вопросы важны не только для богословов-книжников или молодых семинаристов. Они важны для всякого верующего. Пасторы знают, что ответы на них в большой мере влияют на практическое служение. Верность Писанию требует, чтобы свою позицию по данным темам мы выражали ясно и авторитетно. Кроме того, мы же хотим отражать Божий характер во всей полноте!

Согласитесь: если мы желаем, чтобы церкви отражали характер Бога, разве мы не будем стремиться узнать все, что Он открыл о себе в Библии? А если мы к этому не стремимся, то какого мы мнения о Его характере?

Понимание библейского учения о Боге принципиально важно. Бог Библии — это творец и господин. Однако Его всевластие иногда отрицают даже внутри церкви. Когда христиане противятся идее о Божьем всевластии в творении или спасении, они на самом деле заигрывают с набожным язычеством. Вопросы о всевластии Бога могут возникать у любого искреннего христианина. Но если кто-то долго и уверенно отрицает его, впору забеспокоиться. Если вы крестите такого человека, возможно, вы крестите отчасти неверующего. Если вы причислите такого человека к членам церкви, то тем самым засвидетельствуете, что он доверяет Богу, хотя на самом деле это не так.

Подобное противление опасно, если возникнет у обычного верующего. Но особенно страшно, если оно проявляется у руководителя общины. Когда церковь назначает руководителем того, кто сомневается в Божьем всевластии или неверно понимает учение Библии, она тем самым ставит в пример того, кто испытывает глубокое недоверие к Богу. Такой пример будет наверняка препятствовать росту церкви.

Сегодняшняя культура потребления и материализма зачастую искушает церкви принимать маркетинг за действие Духа, а рекламу — за проповедь Евангелия. Бог создается по образу человека. В такие времена здоровая церковь должна с особым усердием молиться о том, чтобы ее руководители ясно понимали и воплощали в жизнь библейское учение о Божьем всевластии. Церкви должны молиться о том, чтобы их руководители были верны здравому учению во всей его славе. Признаками здоровой церкви являются разъяснительная проповедь и богословие, основанное на Библии.

Глава 7

ОСНОВНОЙ ПРИЗНАК ЗДОРОВОЙ ЦЕРКВИ: БИБЛЕЙСКОЕ ПОНИМАНИЕ БЛАГОВЕСТИЯ

Крайне важно, чтобы наши церкви имели библейский взгляд в одной особой сфере, — чтобы они правильно понимали Благую весть Иисуса Христа, Евангелие. Евангелие — это сердце христианства, поэтому оно должно быть и сердцем жизни наших церквей.

Здоровая церковь — это церковь, в которой все члены, молодые и пожилые, новички в вере и люди опытные, объединены удивительной Благой вестью о спасении через Иисуса Христа. Каждый отрывок Библии указывает на это спасение или на какой-то его аспект. Поэтому церковь собирается неделя за неделей, чтобы снова услышать повторение Евангелия. Библейское понимание Благой вести должно пронизывать каждую проповедь, каждое крещение и причастие, каждую песню, каждую молитву, каждую беседу. Члены здоровой церкви жаждут познать Евангелие глубже и молятся об этом более, чем о чем бы то ни было другом в церковной жизни.

Почему? Потому что надежда Евангелия — это надежда познания славы Бога в лице Иисуса Христа (2 Кор. 4:4–6). Это надежда увидеть Его ясно и познать Его полностью, как и мы познаны (1 Кор. 13:8). Это надежда на то, что мы станем как Он, когда увидим Его как Он есть (1 Ин. 3:2).

Евангелие — это не новость о том, что у нас все хорошо. Это не новость о том, что Бог есть любовь. Это не новость о том, что Иисус хочет стать нашим другом. Это не новость о том, что у Него есть план для нашей жизни. Как я подробно писал в 1-й главе, Евангелие — это добрая весть о том, что Иисус Христос умер на Голгофском кресте, принес заместительную жертву за грешников, воскрес и открыл нам путь к примирению с Богом. Это новость о том, что Судья станет нам Отцом, если только мы покаемся и поверим. (Хотите получить более подробное объяснение — вернитесь к 1-й главе.)

Вот четыре пункта, о которых я стараюсь говорить всякий раз, когда рассказываю Евангелие публично или лично: 1) Бог; 2) человек; 3) Христос; 4) отклик. Я спрашиваю себя:

◊ Объяснил ли я, что Бог — святой и всевластный творец?

◇ Ясно ли я показал, что мы, люди, с одной стороны, удивительные существа, созданные по образу Божьему, а с другой — низко павшие, грешные и отделенные от Него?

◇ Объяснил ли я, кто такой Иисус и что Он совершил: что Он богочеловек, заместитель и воскресший Господь, уникальный посредник между Богом и людьми?

◇ Наконец, даже если я все это рассказал, ясно ли я дал человеку понять, что он должен откликнуться на Евангелие, поверить в эту весть и оставить свою эгоистичную и греховную жизнь?

Иногда есть искушение представить некоторые благословения Евангелия как *само* Евангелие. Как правило, такие благословения, как радость, мир, счастье, удовлетворенность, уважение к себе, любовь, будет рад получить всякий неверующий человек. Однако представлять все это как само Евангелие означает говорить полуправду. А как сказал Джеймс Пакер, «полуправда, представленная как полная правда, превращается в полную неправду»[2].

---

[2] Цит. по: John Owen, "Introduction," in *The Death of Death in the Death of Christ* (Edinburgh: Banner of Truth, 1959, rprt. 1983), 2.

Собственно, нам не нужны радость, мир или цель сами по себе. Нам нужен сам Бог. А поскольку мы осужденные грешники, нам больше всего нужно Его прощение. Нам нужна духовная жизнь. Когда мы представляем Евангелие менее радикальным образом, мы открываем дверь для ложных обращений и выхолащиваем смысл церковного членства, что, в свою очередь, усложняет донесение Благой вести до окружающего нас мира.

Когда церковь здоровая и ее члены превыше всего ценят Евангелие, они все больше будут желать делиться этим Евангелием с миром. Джордж Труэтт, известный христианский руководитель предыдущего поколения и пастор Первой баптистской церкви Далласа, в штате Техас, сказал:

> Самое худшее обвинение против церкви... это то, что у нее нет сострадания к человеческим душам и страсти по их спасению. Если церковь не переполняет любовь к погибающим душам и если она не идет и не разыскивает погибающие души, чтобы привести их к познанию Иисуса Христа, то в таком случае церковь ничем не лучше клуба моралистов[3].

---

[3] George W. Truett, *A Quest for Souls* (New York: Harper & Brothers, 1917), 67.

Современные христиане намного больше времени проводят с нехристианами у себя дома и на работе, чем с христианами в церкви по воскресеньям; еще меньше они проводят времени с нехристианами в церкви. Благовествовать — это не приглашать людей в церковь (хотя и это нужно, конечно), а рассказывать грандиозную новость о спасении во Христе. Давайте не будем ее менять ни на что другое! Давайте расскажем о ней сегодня!

Здоровая церковь знает Евангелие. Здоровая церковь рассказывает его.

СОВЕТЫ:
КАК НАЙТИ ХОРОШУЮ ЦЕРКОВЬ

1. Молитесь.
2. Обратитесь за советом к благочестивому пастору (или к другому руководителю церкви).
3. Правильно расставьте приоритеты:
   ◇ Церковь должна верить в Евангелие, ясно его проповедовать и верно жить по нему; серьезный недостаток в любой из этих областей очень опасен.
   ◇ Проповеди должны быть основаны на Писании, направлены на изменение жизни людей и занимать центральное место

в жизни общины. Вы будете духовно возрастать только в той церкви, где Писание считается наивысшим авторитетом.

◇ Также важно учесть, какова практика церкви в вопросах крещения, вечери, церковного членства, церковной дисциплины и за кем остается последнее слово в принятии решений.

◇ Одним словом, прочитайте 5–13-ю главы этой книги!

4. Задайте себе следующие диагностические вопросы:

◇ Хотел бы я найти себе супруга (или супругу), которые выросли в этой церкви?

◇ Какое представление о христианстве приобретут в этой церкви мои дети: оно особенное или же мало чем отличается от этого мира?

◇ Захочу ли я приглашать в эту церковь неверующих людей? Услышат ли они здесь ясную проповедь Евангелия и увидят ли жизнь по Евангелию? Гостеприимна ли эта церковь по отношению к неверующим? Готова ли открыть для них свои двери?

◇ Могу ли я нести служение в этой церкви?

5. Учитывайте географическое положение церкви. Сможете ли вы чаще посещать эту церковь и служить в ней, потому что она находится

близко к вашему дому, или ее удаленное местоположение будет мешать вам участвовать в церковном служении? Если вы переезжаете на новое место, то постарайтесь сначала найти хорошую церковь, и только потом найдете жилье.

Часть 3

ВАЖНЫЕ ПРИЗНАКИ
ЗДОРОВОЙ ЦЕРКВИ

ВАЖНЫЕ ПРИЗНАКИ
ЗДОРОВОЙ ЦЕРКВИ

Если девять признаков, перечисленных в этой книге, основаны на Библии, значит, церкви Христа должны стремиться приобретать их. Однако мы разделяем эти девять признаков на две категории — основные и важные. Делаем мы это потому, что освящение — как отдельного человека, так и церкви в целом — протекает медленно. Бог призывает нас проявлять терпение к своей церкви точно так же, как призывает нас быть терпеливыми в воспитании своих детей.

Каждый из признаков, который я называю *важным*, действительно важен, однако его отсутствие не должно стать причиной покидать церковь (хотя в некоторых случаях поменять церковь — мудрое решение). Люди, которые находятся в церквях, не имеющих этих важных признаков, могут молиться, проявлять терпение и показывать добрый пример своей собственной жизнью.

Если пастор спросит меня, как долго ему терпеть небиблейскую структуру руководства, или если христианка спросит меня, сколько ей еще закрывать глаза на отсутствие в церкви дисциплины, или если дьякон спросит меня, как долго ему мириться с превратным пониманием членства, скорее всего, я дам этим святым совет терпеть, молиться, показывать добрый пример, любить и ждать. Рост происходит медленно. Ведь церковь — это люди, люди, которых мы призваны прощать и ободрять, которым мы призваны служить, которых мы призваны иногда мудро обличать, но более всего — ценить.

В этой жизни нет совершенных христиан, нет и совершенных церквей. Даже лучшие церкви очень далеки от идеала. Ни правильная форма управления, ни смелая проповедь, ни жертвенность, ни доктринальная ортодоксальность не гарантируют церкви процветания. Тем не менее любая церковь может стать здоровее. В этой жизни мы никогда не одержим полной победы над грехом. Но поскольку мы Божьи дети, мы не сдаемся в этой борьбе. Церкви тоже не должны сдаваться в своей борьбе. Христиане, особенно пасторы и церковные руководители, должны желать оздоровления церквей и прилагать усилия в этом направлении.

Глава 8

ВАЖНЫЙ ПРИЗНАК ЗДОРОВОЙ ЦЕРКВИ: БИБЛЕЙСКОЕ ПОНИМАНИЕ ОБРАЩЕНИЯ

На первом собрании моей церкви в 1878 году было принято вероисповедание — дополненная версия Нью-Гемпширского исповедания веры 1833 года. Его язык может показаться сложным из-за некоторой архаичности, но все же постарайтесь прочитать. Статья VIII исповедания гласит:

> Мы верим, что покаяние и вера — священные обязанности и неотделимые милости, вложенные в нашу душу возрождающим Духом Божьим; тем самым мы, глубоко убеждаемые в собственной вине, опасном состоянии и беспомощности, а также в том, что Христос есть путь спасения, обращаемся к Богу с искренним раскаянием, исповеданием и мольбой о милосердии, одновременно всем сердцем принимая Господа Иисуса Христа своим пророком, священником и царем и уповая

только на Него как на единственного и во всем подходящего Спасителя.

Мало кто сегодня так говорит или пишет. Однако библейские истины остались неизменными. Здоровую церковь отличает библейское понимание обращения.

Статья начинается с библейского призыва к покаянию и вере, как и Иисус в начале Своего служения повелевал: «Покайтесь и веруйте в Евангелие» (Мр. 1:15). Попросту говоря, обращение — это вера и покаяние.

Далее вероисповедание подробнее раскрывает, что такое покаяние и вера. В нем сказано, что мы «обращаемся» к Богу от греха, «принимаем» Христа и «уповаем» только на Него как единственного и во всем подходящего Спасителя. Новый Завет полон примеров того, как грешники оставляют свой грех, принимают Христа и начинают надеяться на Него. Вспомните сборщика налогов Левия, который оставил свое дело и последовал за Христом. Или женщину у колодца. Или римского сотника. Или Петра, Иакова и Иоанна. Или Савла, гонителя христиан, который стал Павлом, апостолом язычников. Список длинный. В каждом из этих случаев человек разворачивался, доверялся и следовал. Это и есть обращение.

Обращение — это не умение процитировать символ веры. Это не произнесение молитвы. Это не беседа. Это не превращение в человека с европейскими ценностями. Оно не происходит, когда человек достигает определенного возраста, проходит курс обучения или совершает ритуал посвящения во взрослую жизнь. Это не путешествие, в котором участвуют все, но где каждый находится на своем этапе. Обращение — это разворот всей нашей жизни от самооправдания к оправданию во Христе, от самоуправления к Божьему управлению, от поклонения идолам к поклонению Богу.

Обратите внимание на то, что еще вероисповедание говорит о нашем обращении. Мы обращаемся, потому что глубоко убеждаемы «в собственной вине, опасном состоянии и беспомощности, а также в том, что Христос есть путь спасения». Как это происходит? Кто убеждает нас? Это убеждение вкладывает «в нашу душу возрождающий Дух Божий». Чтобы подтвердить эту мысль, авторы вероисповедания приводят два отрывка из Писания:

> Выслушав это, они успокоились и прославили Бога, говоря: «Видно, и язычникам дал Бог покаяние в жизнь» (Деян. 11:18).
>
> Ибо благодатью вы спасены через веру, и сие не от вас, Божий дар (Еф. 2:8).

Если мы думаем, что при обращении сначала что-то делаем мы, а уже потом в нас что-то делает Бог, то мы ошибаемся. Несомненно, как мы уже сказали, обращение включает в себя наше действие. Однако обращение им не исчерпывается. Писание учит, что мы нуждаемся в замене сердца, в обновлении разума, в оживлении духа. Мы сами ничего из этого сделать не можем. Перемена, необходимая всякому человеку, настолько радикальная, сущностная, что произвести ее может только Бог. Он нас сотворил. Поэтому только Он может сделать нас новым творением. Благодаря Ему мы получили физическое рождение. Поэтому только благодаря Ему мы можем пережить новое рождение. Для обращения нам нужен Бог.

Чарльз Сперджен, проповедник XIX века, рассказывал такую историю. Однажды он шел по улице Лондона и встретил пьяного мужчину. Мужчина облокотился на ближайший фонарный столб и сказал:

— Эй, мистер Сперджен, я один из ваших обращенных!

Сперджен ответил:

— Может быть, вы один из моих, но вы точно не один из Господних.

Если церковь неверно понимает учение Библии об обращении, в ней могут появиться люди, которые когда-то искренне заявили о своей вере, но так и не пережили радикальной перемены, которую Библия называет обращением.

Подлинное обращение может сопровождаться, а может и не сопровождаться яркими эмоциональными переживаниями. Однако оно *непременно* проявится в плодах. Есть ли в жизни людей свидетельства перемен — снятие старого и облечение в новое? Ведут ли члены церкви борьбу со своим грехом, несмотря на то что продолжают спотыкаться? Появился ли у них интерес к общению с христианами? Есть ли у них новый мотив для общения с нехристианами? Отличается ли их реакция на трудности и испытания от той, которая была до покаяния?

Правильное понимание обращения будет отражаться не только на проповеди, но и на требованиях церкви к тем, кто принимает крещение и участвует в вечере Господней. Церковь будет проявлять осторожность. Пасторы не будут торопиться крестить людей быстро и без вопросов.

Оно проявится в том, как церковь принимает в члены. Людей не будут принимать поспешно. Возможно, им будут предлагать пройти курс подготовки к членству. Церковь захочет услышать свидетельство потенциального члена и его рассказ о том, как он понимает Евангелие.

Оно проявится в нежелании церкви закрывать глаза на явный грех. Подотчетность, взаимное ободрение и, при необходимости, обличение станут нормой. Будут применяться церковные дисциплинарные меры — о них мы подробно поговорим в 12-й главе.

Библейское понимание обращения — это один из важных признаков здоровой церкви.

Глава 9

ВАЖНЫЙ ПРИЗНАК ЗДОРОВОЙ ЦЕРКВИ: БИБЛЕЙСКОЕ ПОНИМАНИЕ БЛАГОВЕСТИЯ

Итак, мы уже отметили, что отличительными признаками здоровой церкви являются разъяснительная проповедь, библейское богословие и библейское понимание Благой вести и обращения. Это означает, что когда в церквях не проповедуется Библия и здравое учение, они становятся нездоровыми.

Как выглядит нездоровая церковь? Это церковь, в которой проповедь зачастую состоит из набора избитых клише. Или, что еще хуже, проповедник занимается морализаторством и учит слушателей сосредотачиваться на себе. Евангелие превращается в духовное упражнение по самосовершенствованию. Обращение считается актом человеческой воли. А культура внутри церкви мало чем отличается от светской культуры вокруг нее.

Как минимум можно сказать, что такие общины не провозглашают великую весть о спасении в Иисусе Христе.

Сейчас мы обратимся к рассмотрению еще одного важного признака здоровой церкви — к библейскому пониманию благовестия. При этом нужно подчеркнуть, что наше понимание этого признака в значительной степени формируется под влиянием нашего понимания предыдущих признаков (*основных* и *важных*), особенно библейского понимания обращения.

С одной стороны, если наше мышление сформировано библейским учением о Боге и Его делах, а также учением о Евангелии и о самой острой нужде грешного человека, правильное понимание благовестия сложится само собой. Мы будем подталкивать людей к благовестию не через обучение методам распространения христианства, а через наставление в Евангелии и размышления о нем.

Я всегда радуюсь, когда вижу, как новообращенные христиане будто инстинктивно понимают, что спасаются по благодати. Возможно, вы и сами за последние несколько месяцев слышали свидетельства, в которых подчеркивалось, что обращение — это дело Бога (Еф. 2:8–9). «Я погибал в грехе, но Бог...»

С другой стороны, когда церковь не принимает во внимание то, что Библия говорит о действии

Бога в обращении, тогда, считая, что благовеству-ем, мы будем делать все, чтобы добиться от людей словесного исповедания. Вот один из признаков того, что церковь плохо понимает, что такое обращение и благовестие: количество членов церкви значительно превышает количество людей, регулярно ее посещающих. Такая церковь должна остановиться и задать себе вопрос, почему ее благовестие приводит к тому, что многие люди считают себя спасенными, но не появляются в церкви. Как мы им объяснили, что значит быть учеником Христа? Чему мы их научили, рассказывая о Боге, грехе и мире?

Важно, чтобы у всех членов церкви было библейское понимание благовестия, но в особенности это важно для руководителей, на которых возложена ответственность учить.

Согласно Писанию, христианам следует проявлять заботу о неверующих, призывать и даже убеждать их (2 Кор. 5:11). Но при этом мы должны открывать истину, «отвергнув скрытные и постыдные дела» (2 Кор. 4:2).

Другими словами, цель благовестия не в том, чтобы любыми путями заставить человека «принять Христа», и тем более не в том, чтобы навязать ему наши взгляды. Наша попытка произвести духовное рождение будет сродни тому, как если бы Иезекииль захотел собрать сухие кости мертвецов и сделать из них человека (Иез. 37) или как если бы Никодим решил сам себя родить от Духа (Ин. 3).

Также благовестие нельзя путать с рассказом личного свидетельства, с доказательством разумности веры, с делами милосердия, хотя все это может сопутствовать благовестию. За благовестие не стоит принимать его результаты — не думайте, что благовестие успешно только в том случае, если за ним следует обращение.

Нет, благовестие — это слова. Это рассказ о новости. Это верная передача Благой вести, которую мы обсуждали в 8-й главе, вести о том, что через Свою смерть и воскресение Христос открыл для грешных людей путь к примирению со святым Богом. Когда мы будем рассказывать эту весть, сам Бог будет производить подлинное обращение (см. Ин. 1:13; Деян. 18:9–10). Иначе говоря, мы благовествуем, когда рассказываем Евангелие всем людям и верим, что обращать их к себе будет сам Бог (см. Деян. 16:14). «У Господа спасение» (Ин. 2:9; ср. Ин. 1:12–13).

Есть три момента, которые я обязательно объясняю людям, когда говорю им о решении последовать за Христом:

◊   это решение серьезное, поэтому оно должно быть взвешенным (см. Лк. 9:62);

◇ это решение срочное, поэтому его принятие
нельзя откладывать (см. Лк. 12:20);

◇ это решение правильное, поэтому о нем никто не пожалеет (см. Ин. 10:10).

Эту мысль каждый из нас лично должен донести до семьи и друзей. Ее мы обязаны доносить
до людей все вместе, как церковь.

О благовестии написано много хороших книг.
Если хотите разобраться, как наше понимание
Евангелия связано с методами благовестия, про-
читайте книгу Уилла Метцгера «Скажите истину»
(Will Metzger, *Tell the Truth*), книги Иана Мюррея
«Метод приглашения» и «Настоящее и ложное
пробуждение» (Iain Murray, *The Invitation System;
Revival and Revivalism*), а также мою книгу «Еван-
гелие и личное благовестие» *(Gospel and Personal
Evangelism)*.

Итак, еще один важный признак здоровой
церкви — это понимание, что есть библейское
благовестие, и собственно само благовестие. На-
стоящим можно назвать только такой рост церкви,
который приходит от Бога и через Его народ.

Глава 10

ВАЖНЫЙ ПРИЗНАК ЗДОРОВОЙ ЦЕРКВИ: БИБЛЕЙСКОЕ ПОНИМАНИЕ ЧЛЕНСТВА В ЦЕРКВИ

Является ли концепция церковного членства библейской? С одной стороны, нет. Если вы откроете Новый Завет, то не найдете там истории о том, как, скажем, Прискилла и Акила переехали в Рим, сходили в одну церковь, потом в другую, а потом решили стать членами третьей. Насколько мы можем судить, тогда люди не выбирали себе церковь, потому что в их городе она была только одна. Поэтому в Новом Завете нет списка членов церкви.

С другой стороны, в Новом Завете у церквей были некоторые списки, например списки вдов, которых церковь поддерживала (1 Тим. 5). Кроме того, ряд фрагментов в Новом Завете указывает на то, что в церквях был свой способ учета членов. Они знали, кто принадлежал к их собранию, а кто нет.

Например, в коринфской церкви один человек жил в блуде, причем в таком, «какого не слышно даже у язычников» (1 Кор. 5:1). Павел написал коринфянам, чтобы они исключили этого человека из своего собрания. Задумайтесь над этим на минутку: невозможно кого-то *исключить*, если он до этого не был *включен*.

В своем следующем письме к коринфянам Павел, скорее всего, пишет о том же человеке. Он говорит о наказании, которое он уже получил от большинства в церкви (2 Кор. 2:6). Задумайтесь еще раз. О «многих» можно сказать только тогда, когда есть четко определенная группа людей, в данном случае — члены церкви.

Для Павла было важно, кто «внутри», а кто «снаружи», потому что сам Господь Иисус дал церкви власть, насколько это по-человечески возможно, проводить границу между собой и миром.

Истинно говорю вам: что вы свяжете на земле, то будет связано на небе; и что разрешите на земле, то будет разрешено на небе (Мтф. 18:18; см. также 16:19; Ин. 20:23).

Как мы сказали ранее, здоровые церкви — это общины, которые со временем все лучше отражают характер Бога. Поэтому мы должны стремиться к тому, чтобы наши земные списки максимально соответствовали спискам небесным — чтобы в них содержались имена, записанные в книге жизни Агнца (Фил. 4:3; Откр. 21:27).

Здоровая церковь стремится принимать людей или исключать людей из своего числа по правилам, данным авторами Нового Завета. Другими словами, она стремится понимать членство по-библейски.

Храм построен из кирпичей. Стадо состоит из овец. На лозе есть ветви, а в теле — члены. В каком-то смысле членство в церкви начинается, когда Христос спасает нас и делает членами Своего тела. Однако это Его действие должно найти видимое выражение в конкретной поместной церкви. В таком смысле членство в церкви начинается, когда мы присоединяемся к определенному телу. Быть христианином — значит принадлежать к какой-либо церкви.

Поэтому Писание повелевает нам регулярно собираться, чтобы постоянно радоваться нашей общей надежде и постоянно поощрять друг друга к любви и добрым делам (Евр. 10:23–25). Членство в церкви — это не просто графа, где мы однажды поставили галочку. Это не приятное чувство. Это не привязанность к знакомому месту. Это не проявление верности или неверности родителям. Оно должно быть выражением подлинной преданности, иначе оно бессмысленно. Более того, оно не просто бессмысленно. Вскоре мы убедимся в том, что оно даже опасно.

Церковное членство возникает среди христиан тогда, когда они начинают держаться вместе в отношениях взаимной ответственности и любви. Когда мы отождествляем себя с определенной поместной церковью, мы тем самым сообщаем пастору церкви и ее членам не только то, что мы связываем себя с ними, но и то, что мы обязуемся вместе с ними собираться, жертвовать, молиться и служить. Мы говорим им, что они вправе ожидать от нас определенных действий и спрашивать с нас, когда мы их не совершаем. Присоединиться к церкви означает, что теперь церковь отвечает за меня, а я отвечаю за церковь. (Да, такой подход противоречит современным представлениям. Более того, он идет вразрез с нашей греховной природой.)

Библейское членство подразумевает ответственность. Она проистекает из наших взаимных обязательств — о них говорится в тех отрывках Писания, где содержится словосочетание «друг друга»: «любите друг друга», «служите друг другу», «ободряйте друг друга». Все эти заповеди можно смело включать в завет здоровой церкви (см. приложение).

Правильному пониманию церковного членства способствует правильное понимание предыдущих трех признаков. Члены церкви тем более будут сознавать взаимную ответственность, чем более они будут ценить Евангелие, понимать обращение как Божье дело и благовествовать интересующимся верой людям, помогая им осознать, во что им обойдется следование за Христом. Соответственно, христиане все меньше будут рассматривать свою церковь как место, куда может прийти кто угодно и делать все, что ему нравится, как еще одну торговую точку на христианском рынке. Верующие все более будут относиться к своей церкви как к телу, в котором все части заботятся друг о друге — как к дому, в котором они живут.

К сожалению, нередко списочный состав церкви намного больше количества людей, которые действительно ее посещают. Представьте церковь, где по спискам три тысячи человек, а регулярно посещают только шестьсот. Боюсь, что сегодняшние пасторы евангельских церквей больше гордятся количеством так называемых «членов церкви», зарегистрированных в их списках, чем переживают об огромном количестве постоянно отсутствующих из этих списков. По данным одного свежего исследования, списочный состав средней церкви в Южной баптистской конвенции — 223 человека, при этом только 70 посещают воскресное утреннее богослужение.

Намного ли лучше у нас обстоят дела с пожертвованиями? У многих ли общин бюджет достигает — уже не говоря о том, что превышает — 10 процентов от совокупного дохода всех работающих членов?

Физические ограничения могут мешать кому-то посещать собрания, финансовые трудности могут уменьшать пожертвования. Но даже при всём этом невольно начинаешь думать, что церкви превращают цифры в идолов. Цифрам можно поклоняться так же, как изображениям и статуям. Культ цифр устанавливается быстро и незаметно. Однако я думаю, что Бог будет оценивать наш труд и взвешивать нашу жизнь, а не считать наши цифры.

В чём опасность наличия членов, которые не посещают церковь и уклоняются от ответственности? Если в церкви есть члены, не участвующие в её жизни, то у настоящих членов и у неверующих формируется неправильное представление о том, что значит быть христианином. В то же время активные члены оказывают отсутствующим членам медвежью услугу, когда позволяют им и дальше числиться в церкви. Потому что членство — это коллективное свидетельство церкви о том, что человек спасён. Понимаете? Когда вы называете кого-то членом своей церкви, то тем самым показываете, что ваша церковь считает его христианином.

Поэтому, если община не видела какого-то человека уже несколько месяцев, а то и лет, как она может подтвердить, что он верно проходит свое христианское поприще? Если человека нет среди нас и он не перешел в другую церковь, где проповедуется Божье Слово, как мы можем быть уверены, что он подлинно был одним из нас (см. 1 Ин. 3:19)? Конечно, это не повод считать, что люди, не посещающие церковь регулярно, — неверующие, но все же у нас нет никаких подтверждений тому, что они верующие. Нам не нужно говорить человеку: «Мы знаем, что ты идешь в ад». Мы можем лишь сказать: «Мы больше не можем с уверенностью подтвердить, что ты направляешься в рай». Если человек постоянно отсутствует, а церковь продолжает считать его членом, то это как минимум наивно, а как максимум нечестно.

Церковь, которая придерживается библейских принципов членства, не требует от своих членов совершенства, она требует лишь смирения и честности. Она призывает их не к пустым решениям, а к подлинному ученичеству. Она не принижает важность их личного духовного опыта, но в то же время и не питает иллюзий в отношении этих «еще не усовершившихся» людей. Вот почему с точки зрения Нового Завета коллективное одобрение со стороны тех, кто находится в завете с Богом и друг с другом, важно.

Нужно, чтобы цифры церковного членства все больше отражали реальную жизнь, чтобы *формальное* членство соответствовало *фактическому*. Поэтому время от времени необходимо вычеркивать некоторые фамилии из списков (но не из сердец). Поэтому надо рассказывать новым членам о том, чего Бог ожидает от церкви, и постоянно напоминать остальным членам, что они обязаны быть посвященными церкви. В нашей общине мы пользуемся для этого разными средствами, начиная занятиями с новыми членами и заканчивая чтением вслух завета церкви перед каждой вечерей Господней.

Когда наша церковь стала выздоравливать, количество присутствующих на утреннем воскресном богослужении снова стало превышать количество списочных членов. Я уверен, что вы хотите, чтобы подобная тенденция появилась и в вашей церкви.

Наша любовь к старым друзьям проявится не в том, что мы позволим им держаться за членство в церкви из сентиментальности. Наша любовь проявится в том, что мы посоветуем им присоединиться к другой церкви, где они смогут проявлять любовь и испытывать ее со стороны других еженедельно или даже ежедневно. Поэтому в тексте завета моей церкви есть такое обещание: «Переехав в другую местность, мы как можно скорее присоединимся к любой другой общине, в которой сможем придерживаться духа этого завета и принципов Священного Писания». Такое обязательство — это часть здорового ученичества, особенно в наш непостоянный век.

Верните серьезное отношение к церковному членству — и церковная ситуация заметно улучшится. Ваше свидетельство перед неверующими станет более ясным. Слабые овцы не станут больше, отбившись от стада, называть себя овцами. А зрелые члены смогут лучше понять, что значит быть учениками. Руководители церквей будут точно знать, за кого они несут ответственность. И Бог прославится!

Молитесь о том, чтобы понимание важности церковного членства у христиан укреплялось. Тогда мы будем знать, за кого молиться, а кого ободрять и призывать к проявлению веры. Быть членом церкви означает быть частью тела Христа видимым образом, идти по дороге в небесный дом вместе с такими же странниками в этом мире, как и мы сами. Несомненно, еще одним признаком здоровой церкви является библейское понимание церковного членства.

Глава 11

ВАЖНЫЙ ПРИЗНАК ЗДОРОВОЙ ЦЕРКВИ: БИБЛЕЙСКАЯ ЦЕРКОВНАЯ ДИСЦИПЛИНА

Из библейского понимания церковного членства напрямую следует необходимость библейской церковной дисциплины. Благодаря *церковному членству* мы можем провести границу между церковью и миром. *Дисциплина* помогает церкви, живущей внутри этой границы, оставаться верной тем принципам, которые изначально служат причиной проведения этой границы. Она придает смысл понятию «член церкви» и является еще одним признаком здоровой церкви.

Что такое церковная дисциплина? В самом узком смысле слова это исключение человека, считающего себя христианином, из членов церкви и отстранение его от участия в вечере Господней за серьезный нераскаянный грех, то есть грех, который он отказывается оставлять.

Чтобы лучше понять смысл церковной дисциплины, полезно будет вспомнить сказанное в 3-й главе: там мы говорили, зачем Бог создал Вселенную, человечество, Израиль и церковь. Бог создал Вселенную, чтобы она отражала Его славу. Затем Он с той же целью создал человечество: в частности, сказано, что Он создал нас носителями Своего образа (Быт. 1:27). Человечество — Адам и Ева — не явило Божью славу, поэтому Он изгнал его из сада.

Затем Бог возложил на Израиль обязанность являть Его славу, Его святость и Его качества, открытые в законе, окружающим народам (см. Лев. 19:2; Прит. 24:1, 25). При этом закон служил основанием для исправления и даже исключения некоторых людей из общества (как в Числ. 15:30–31). После этот закон стал основанием, по которому сам Израиль был изгнан из своей земли.

Наконец, и мы говорили об этом, Бог создал церковь, чтобы она все больше отражала характер Бога, явленный в Его Слове. Таким образом, если следовать развитию библейской истории, церковную дисциплину нужно понимать как акт исключения человека, который порочит Евангелие и не желает поступать по-другому. Она помогает церкви верно отражать славный Божий характер и хранить святость. Дисциплина — это попытка отполировать зеркало и удалить всю грязь (см. 2 Кор. 6:14–7:1; 13:2; 1 Тим. 6:3–5; 2 Тим. 3:1–5). Для чего нужна дисциплина? Для того чтобы святость и любовь Бога проявились яснее и засияли ярче.

Как же применять дисциплину? Поскольку обстоятельства греха человека могут быть очень разными, каждая ситуация требует пасторской мудрости.

Общие правила применения церковной дисциплины Иисус изложил в Евангелии от Матфея 18:15–17. Надо начинать с личного разговора с согрешающим братом или сестрой. Если грешник кается, то на этом заканчивается и процесс дисциплины. Если нет, то нужно прийти к нему еще раз вместе с другим верующим. Если человек и тогда не раскается, то, как выразился Иисус, «скажи церкви; а если и церкви не послушает, то да будет он тебе, как язычник и мытарь» (Мтф. 18:17), то есть как посторонний человек.

Многим людям сегодня такой подход может показаться слишком жестким. К тому же разве Иисус не запретил Своим последователям судить других? В определенном смысле Он действительно запретил: «Не судите, да не судимы будете» (Мтф. 7:1). Но в том же самом евангелии Иисус также заповедал церкви обличать, в том числе публично, своих членов в грехе (Мтф. 18:15–17; ср. Лк. 17:3). Поэтому, что бы Иисус ни имел в виду под словами «не судите», Он явно не подразумевал все то, что вкладывают в них сегодня.

Разумеется, сам Бог судит. Он осудил Адама в Эдемском саду. В Ветхом Завете Он совершал суд над народами и отдельными людьми. В Новом Завете Он обещает, что христиане будут судимы по своим делам (см. 1 Кор. 3). Также Он обещает, что в последний день Он будет главным судьей всего человечества (см. Откр. 20).

Бог никогда не ошибается в Своем суде. Он всегда праведен (см. Иис. Нав. 7; Мтф. 23; Лк. 2; Деян. 5; Рим. 9). Он наказывает Своих детей для того, чтобы исправить, искупить, восстановить. А Свой гнев на безбожников Он изливает для того, чтобы воздать и отомстить (см. Евр. 12). В обоих случаях Божий суд справедлив.

Многие люди сегодня удивляются, когда узнают, что Бог иногда вершит Свой суд через людей. На государство возложена обязанность судить своих граждан (см. Рим. 13). Верующие же должны судить себя сами (см. 1 Кор. 11:28; Евр. 4; 2 Пет. 1:5). Иногда общины должны судить своих членов, хотя это не то же самое, что окончательный Божий суд.

Согласно 18-й главе Евангелия от Матфея, 5-й и 6-й главам Первого послания к Коринфянам, а также другим отрывкам Божьего Слова, церковь должна осуществлять внутренний суд. Не для того, чтобы отомстить, а для того, чтобы восстановить (Рим. 12:19). Павел сказал церкви в Коринфе, что распутного мужчину нужно «предать сатане во измождение плоти, чтобы дух был спасен» (1 Кор. 5:5). В письме к Тимофею он повелевает так же поступить с лжеучителями в Эфесе (1 Тим. 1:20).

Мы не должны удивляться тому, что Бог повелевает церкви применять дисциплинарные меры. Если церквям есть что сказать о том, как христиане *живут*, им также должно быть что сказать о том, как христиане *не живут*. Но боюсь, что понимание ученичества во многих церквях напоминает наливание воды в дырявые ведра: все внимание сосредоточено на том, что наливается, а как налитое принимается и хранится, никого не интересует. Поэтому и дисциплинарные меры в церквях последние несколько поколений применяются достаточно редко.

Один специалист по росту церкви сформулировал свою *стратегию количественного роста общины* следующим образом: «Открываем парадную дверь — закрываем заднюю». Он имеет в виду, что новые люди должны иметь возможность легко влиться в церковь и что надо уделять больше внимания работе с ними. Хорошая цель. Однако мне кажется, что многие пасторы сегодня и так стараются делать это, даже чересчур стараются. Поэтому хочу предложить вам стратегию, которая, как мне кажется, в большей мере соответствует Библии: *тщательно охраняем парадную дверь и открываем заднюю.* Другими словами, нужно усложнить процедуру принятия и упростить процедуру исключения. Помните: путь, ведущий в жизнь, не широкий, а узкий. Я убежден, что если церкви поступят по моей рекомендации, они начнут отличаться от мира, как и задумал Бог.

Итак, первый шаг по укреплению церковной дисциплины — это осмотрительность в принятии новых членов. Церковь должна спрашивать всякого, кто хочет в нее вступить, понимает ли он Евангелие, представляет ли он, что такое жизнь, угодная Богу. Для потенциальных членов будет полезно знать, что церковь от них ожидает. Они должны понимать, что берут на себя серьезные обязательства. Если церковь более тщательно будет подходить к испытанию и принятию новых членов, ей реже впоследствии придется применять дисциплинарные меры.

Правда, дисциплинарные меры можно применять неправильно. Новый Завет учит, что мы не должны осуждать других, приписывая им злой умысел (см. Мтф. 7:1), или осуждать людей во второстепенных вопросах (см. Рим. 14–15). Применять церковную дисциплину нужно не из чувства мести, а из любви, проявляя «милость со страхом» (Иуд. 23). Никто не станет отрицать, что в этом деле нужны мудрость и пасторская чуткость, ведь зачастую христианская жизнь бывает сложна.

Тем не менее не стоит трудностями оправдывать свое бездействие.

На поместной церкви лежит ответственность судить жизнь и учение своих руководителей и членов, особенно когда они начинают отрицательно влиять на свидетельство Евангелия (см. Деян. 17; 1 Кор. 5; 1 Тим. 3; Иак. 3:1; 2 Пет. 3; 2 Ин.).

Применение библейской церковной дисциплины — это просто наше послушание Богу и признание того, что нам нужна помощь. Вы можете представить себе, что было бы, если бы Бог не совершал Свой суд через людей? Если бы родители не наказывали детей, если бы государство не наказывало преступников, если бы церкви не обличали своих членов? Мы бы предстали перед последним судом, не ощутив боль от земных судов, которые предупреждали нас о более строгом будущем суде над нами. Бог настолько милостив, что Он использует эти временные наказания, чтобы предупредить нас о неотвратимом наказании в будущем (см. Лк. 12:4–5).

Вот пять причин, по которым применение исправительной церковной дисциплины является благом:

- ◇ она принесет пользу самому человеку;
- ◇ она поможет остальным христианам увидеть опасность греха;

◇ она поспособствует оздоровлению церкви;
◇ она является проявлением любви к окружающим неверующим людям, поскольку сохраняет доброе свидетельство церкви;
◇ она прославляет Бога. Наша святость должна отражать святость Бога.

Членство в церкви — это не пустой звук. Оно необходимо не ради нашего честолюбия, а ради Божьей славы. Применение библейской дисциплины — это еще один важный признак здоровой церкви.

Глава 12

ВАЖНЫЙ ПРИЗНАК ЗДОРОВОЙ ЦЕРКВИ: БИБЛЕЙСКОЕ УЧЕНИЧЕСТВО И ДУХОВНЫЙ РОСТ

Еще один важный признак здоровой церкви — это внимательное отношение к росту церкви (только к росту в библейском смысле этого понятия — к росту духовности людей, а не их количества).

Сегодня некоторые думают, что человек может оставаться «младенцем во Христе» всю жизнь. Считается, что рост — это дополнительная опция для особо ревностных учеников. Но рост — это признак жизни. Если дерево живое, то оно растет. Если животное живое, то оно растет. Быть живым означает расти, а расти означает увеличиваться и идти вперед, пока не наступит смерть.

Павел надеялся, что коринфяне будут расти в вере (2 Кор. 10:15). Он желал, чтобы ефесяне возрастали, во всем отражая характер Христа (Еф. 4:15; ср. Кол. 1:10; 2 Фес. 1:3). Петр увещевал своих читателей: «Как новорожденные младенцы, возлюбите чистое словесное молоко, дабы от него возрасти вам во спасение» (1 Пет. 2:2).

У многих пасторов и даже у некоторых членов церкви есть искушение свести показатели жизни церкви к статистике: к количеству посещений, крещений, пожертвований и числу членов. Такой рост — видимый, осязаемый. Однако данные статистики — это еще далеко не тот рост, о котором говорят авторы Нового Завета и который хочет видеть Бог.

Как определить, что христиане возрастают в благодати? Ни обилие эмоций, ни владение религиозной терминологией, ни познание в Писании не являются окончательным индикатором роста. Растущая любовь к церкви и твердость в вере также не являются решающими факторами. Мы даже не можем быть уверены, что христиане растут, если у них проявляется внешняя ревность о Боге. Все перечисленное *может* быть признаком подлинного духовного роста. В то же время один из самых важных признаков роста, который *должен* быть виден, но которым часто пренебрегают, — это святость, основанная на христианском самоотречении (см. Иак. 2:20–24; 2 Пет. 1:5–11). Церковь должна прилагать все усилия к тому, чтобы ее члены возрастали в благочестии.

Пренебрежение святостью, как и небрежение церковной дисциплиной, затрудняет взращивание учеников. В церквях, где на греховное поведение людей не обращают пристального внимания, ученики запутываются и перестают понимать, как именно выглядит жизнь, угодная Христу. Такие церкви — как огород, на котором сорняки никогда не пропалывают, а культурные растения не высаживают.

На церковь возложена обязанность взращивать людей в благодати. Люди растут, когда находятся в заветном сообществе под влиянием зрелых, стремящихся к святости христиан. Чем больше Божий народ созидает себя и возрастает в святости и жертвенной любви, тем лучше он будет применять церковную дисциплину и побуждать ученичество.

В повседневной жизни церкви духовное развитие ее членов может проявляться по-разному. Приведу несколько возможных примеров.

- ◇ Больше людей чувствуют призвание быть миссионерами: «Я с радостью поделился Евангелием со своими соседями из Центральной Азии. Мне кажется, что Бог призывает меня...»
- ◇ Старшие члены церкви по-новому осознают свою ответственность за благовестие и за наставление молодых: «Может, как-нибудь зайдете к нам на ужин?»

◇ Молодые члены церкви приходят на похороны старших из чувства любви: «Я так благодарен этой семье... Когда мне было двадцать, они приютили меня у себя дома».

◇ Больше молитвы в церкви и больше молитв о благовестии и возможностях для служения: «Я начинаю у себя на работе группу по изучению Библии. Немного нервничаю. Хочу попросить церковь помолиться...»

◇ Больше членов церкви рассказывают Евангелие людям из мира.

◇ Члены церкви меньше рассчитывают на организованные церковные мероприятия и придумывают больше способов для служения сами: «Пастор, мы с Катей хотели бы организовать чаепитие для сестёр на Рождество, чтобы можно было привести неверующих подруг. Что вы думаете?»

◇ На неформальных встречах члены церкви заводят разговоры на духовные темы. Они с готовностью исповедуют свой грех, в то же время указывая на крест: «Знаешь, брат, мне очень тяжело с...»

◇ Бо́льшая жертвенность в финансовом служении: «Дорогая, давай попробуем выкроить денег из нашего месячного бюджета, чтобы поддерживать...»

◇ Умножение плодов Духа.

◇ Члены церкви жертвуют карьерными возможностями, чтобы служить церкви: «Ты слышал, что Тимур три раза отказывался от повышения, чтобы продолжить пресвитерское служение в церкви?»

◇ Мужья ведут себя как жертвенные руководители своих жен: «Дорогая, что я могу для тебя сделать, чтобы ты чувствовала, что я люблю и понимаю тебя?»

◇ Жены подчиняются своим мужьям: «Милый, как я могу помочь тебе?»

◇ Родители наставляют своих детей в вере: «Сегодня давайте помолимся за служителей в стране...»

◇ Готовность всех членов церкви применять дисциплинарные меры, когда имеет место публичный нераскаянный грех.

◇ Проявление любви к согрешающему человеку со стороны всех членов церкви, прежде чем будет применена церковная дисциплина: «Пожалуйста, если прочитаешь это сообщение, обязательно свяжись со мной».

Это лишь малая доля примеров того, к какому росту христиане должны стремиться и о чем они могут молиться. Будут ли здоровые церкви расти количественно? Часто они растут, потому что их свидетельство подкрепляется привлекательностью их жизни. Но мы не должны рассчитывать на то, что они обязательно будут расти. У Бога Свои планы. Например, иногда Он хочет научить людей терпению. А мы со своей стороны должны быть верными и стремиться к подлинному духовному росту.

Что способствует этому росту? Разъяснительная проповедь Библии. Здравое библейское богословие. Приоритетность Евангелия. А также библейское понимание обращения, благовестия, членства, дисциплины и руководства!

Но если церковь — это место, где пастор проповедует только свои собственные идеи, где в Боге больше сомневаются, чем Ему поклоняются, где Евангелие размыто, а благовестие искажено, где церковное членство потеряло свой смысл, где царит культ личности пастора, то среди ее членов не будет ни сплоченности, ни взаимного назидания. Такая церковь не будет прославлять Бога.

Когда же мы встречаем церковь, члены которой возрастают в подобии Христу, кто получает славу? Бог, потому что, как сказал Павел, «возрастил Бог, посему и насаждающий, и поливающий есть ничто, а все Бог возращающий» (1 Кор. 3:6–7; ср. Кол. 2:19).

Петр высказывает ту же мысль в заключение своего второго послания первым христианам: «Возрастайте в благодати и познании Господа нашего и Спасителя Иисуса Христа. Ему слава и ныне и в день вечный. Аминь» (2 Пет. 3:18). Нам может казаться, что наш рост принесет славу нам. Но Петр думал по-другому: «Прошу вас... провождать добродетельную жизнь между язычниками, дабы они за то, за что злословят вас, как злодеев, увидев добрые дела ваши, прославили Бога в день посещения» (1 Пет. 2:11–12). Петр явно помнил слова Иисуса: «Так да светит свет ваш пред людьми, чтобы они видели ваши добрые дела» — *и прославляли вас? Нет! «...и прославляли Отца вашего Небесного»* (Мтф. 5:16). Придание важного значения христианскому ученичеству и духовному росту — еще один признак здоровой церкви.

Глава 13

ВАЖНЫЙ ПРИЗНАК ЗДОРОВОЙ ЦЕРКВИ: БИБЛЕЙСКАЯ МОДЕЛЬ ЦЕРКОВНОГО РУКОВОДСТВА

Какого рода руководство имеется у здоровой церкви? Община, которая заботится о том, чтобы Евангелие проповедовалось верно? Да (Гал. 1). Дьяконы, которые показывают пример служения? Да (Деян. 6). Пастор, который правильно преподает Божье Слово? Да (2 Тим. 4). Но в Библии есть еще один тип руководителей, который Бог предусмотрел как дар для церкви, чтобы помочь ей стать здоровой, — пресвитеры, или старейшины.

Разумеется, в Библии много полезных советов на тему церковного руководства, но я сосредоточусь в основном на вопросе служения пресвитеров, ибо боюсь, что многие церкви не знают, как много они теряют. Будучи сам пресвитером, я молюсь о том, чтобы Христос послал в наши общины мужчин, призванных Богом нести пресвитерское служение. Признаками этого призвания являются духовные дары и пасторское сердце. Пусть Он воздвигнет больше таких людей!

Если Бог наделил определенного человека в церкви образцовым характером, пасторской мудростью и даром учителя и если церковь, помолившись о том человеке, увидела в нем все это, то такого человека следует отделить на служение пресвитера.

В 6-й главе книги Деяний описано, как в молодой иерусалимской церкви начали возникать конфликты из-за распределения пропитания среди вдов. Тогда апостолы рекомендовали церкви избрать нескольких мужчин, которые усовершенствовали бы распределение помощи. Апостолы решили поручить это дело другим людям, чтобы они сами могли больше времени посвящать «молитве и служению слова» (Деян. 6:4).

В этом по сути и состоит основное отличие пасторов от дьяконов — в дальнейшем в Новом Завете развивается именно такой принцип. Пасторы молятся за церковь и служат ей словом. Дьяконы занимаются материальной стороной жизни церкви.

Церкви, вы уже начинаете понимать, что это Божий дар для вас? Фактически Бог говорит: «Я выберу из вашей среды несколько человек, чтобы они молились о вас и учили вас обо Мне».

Люди, исполняющие функции пресвитеров, есть во всех церквях, даже если их называют по-другому, например «дьяконы» или «старшие братья». В Новом Завете это служение называется тремя взаимозаменяемыми терминами: *епископос* (надзиратель или блюститель), *пресбютерос* (старейшина) и *поймен* (пастух или пастор). Все эти три слова относятся к одним и тем же людям, например, в книге Деяний 20:17 и 20:28.

Когда евангельские христиане слышат слово «пресвитер», им кажется, что это что-то пресвитерианское. На самом же деле первая деноминация конгрегационалистов, которая возникла еще в XVI веке, учила, что в церквях Нового Завета существовала должность пресвитера. Пресвитеры были в баптистских церквях Америки на протяжении XVIII и до начала XIX века. Более того, первый президент Южной баптистской конвенции Уильям Джонсон написал в 1846 году трактат, в котором призывал баптистские общины осуществлять руководство в церкви через пресвитерский совет, поскольку эта практика — библейская.

Служение пресвитеров баптисты и пресвитериане понимают по-разному в двух моментах (думаю, что не только баптисты и пресвитериане). Первый и самый существенный — это то, что баптисты являются конгрегационалистами. Мы верим, что, согласно Библии, решающим голосом во всех вопросах обладает не совет пасторов церкви или кто-то вне общины, а сама община. Когда Иисус наставлял учеников, как обличать согрешившего брата, Он говорил, что последняя инстанция — это не пасторы, не епископ или папа римский, не совет или конвенция, а община (Мтф. 18:17). Как мы уже говорили, когда апостолам нужно было найти несколько человек на дьяконское служение, они передали этот вопрос на рассмотрение общине.

Из писем Павла также следует, что окончательная ответственность возложена на общину. В 5-й главе Первого послания к Коринфянам Павел обвиняет в терпимости ко греху одного человека не пастора, не совет пасторов и не дьяконов, а всю общину. В 2-й главе Второго послания к Коринфянам Павел говорит о том, что сделало большинство из них для наказания заблудшего члена. В 1-й главе Послания к Галатам апостол призывает сами общины осудить ложное учение, которое они слышат. В 4-й главе Второго послания к Тимофею Павел упрекает не только лжеучителей, но и тех, кто им платит, чтобы они ласкали их слух. Пасторы руководят, но они делают это согласно Библии и по необходимости, в рамках, очерченных общиной. В этом смысле совет пасторов, как и любой другой комитет в баптистской церкви, выступает по отношению к общине в качестве консультативного органа.

Второй момент заключается в том, что баптисты и пресвитериане по-разному понимают роль и ответственность пасторов, поскольку по-разному толкуют следующие слова Павла Тимофею: «Достойно начальствующим пресвитерам должно оказывать сугубую честь, особенно тем, которые трудятся в слове и учении» (1 Тим. 5:17). С точки зрения пресвитериан, этот стих говорит о двух группах пресвитеров — управляющих пресвитерах и пресвитерах-учителях. Баптисты не признают такого формального разделения, а видят здесь указание на то, что из практических соображений некоторые пасторы будут больше посвящать себя проповеди и учению. Ведь Павел ясно говорит Тимофею ранее в том же послании, что одно из основных требований к пастору — это способность учить (1 Тим. 3:2; см. также Тит. 1:9). Поэтому баптисты часто отрицали уместность назначения пасторами тех, кто не способен учить Слову.

Все же баптисты и пресвитериане XVIII века были солидарны в том, что в каждой поместной церкви должна быть коллегиальность пасторов (то есть более чем один пастор). Новый Завет нигде ясно не указывает на точное число руководителей для конкретной общины, но о пасторах в поместной общине он всегда говорит во множественном числе (например, Деян. 14:23; 16:4; 20:17; 21:18; Тит. 1:5; Иак. 5:14).

Сегодня многие баптистские церкви возвращаются к такой модели. Другие деноминации и независимые церкви также все больше признают эту базовую библейскую идею.

Наличие в церкви нескольких руководителей не означает, что у главного проповедника нет своей особой роли. В Новом Завете много упоминаний о проповеди и проповедниках, которые невозможно отнести ко всем руководителям церкви. Например, в Коринфе Павел всецело посвятил себя проповеди, чего не могли себе позволить другие пасторы, которые не получали финансовой поддержки (Деян. 18:5; 1 Кор. 9:14; 1 Тим. 4:13; 5:17). Также проповедники, судя по всему, могли менять место жительства, чтобы проповедовать в новой церкви (Рим. 10:14–15), в то время как другие руководители служили в одной общине (Тит. 1:5).

Если пастор-проповедник, как верный служитель, постоянно провозглашает Божье Слово, скорее всего община и остальные руководители будут относиться к нему как к первому среди равных и достойному двойной чести (1 Тим. 5:17). В то же время пастор или проповедник — это по сути лишь один из нескольких руководителей, назначенный общиной для совершения своего служения.

Мой личный опыт пасторского служения подтверждает, насколько полезно, следуя новозаветному образцу, разделять пасторскую ответственность за церковь с другими братьями, хорошо знающими общину.

Решения, которые касаются церкви, но не требуют внимания всех ее членов, должны приниматься не одним пастором, а всеми пресвитерами вместе. Иногда такой механизм принятия решений создает дополнительные трудности, но преимуществ у него несравнимо больше. Дары пастора дополняются дарами других людей, его недостатки компенсируются, а его понимание расширяется. Решения, которые принимаются, получают бóльшую поддержку со стороны общины, что способствует сохранению единства и защищает руководителей от несправедливой критики. Руководство церкви становится более стабильным и постоянным, развивается зрелость и преемственность. Церковь начинает брать на себя больше ответственности за свое духовное состояние и меньше зависеть от нанимаемых сотрудников.

Практика руководства церкви через совет пасторов сегодня не так распространена среди баптистских церквей, но она становится все более популярной, и не только среди баптистов. Для роста ее популярности есть все основания. Она была нужна церквям в Новом Завете, она нужна и сейчас.

Многие современные церкви путают церковных руководителей либо со штатом наемных работников, либо с дьяконами. Как мы уже убедились, дьяконы также выполняют служение, предписанное в Новом Завете, начало которого описано в 6-й главе книги Деяний. Хотя сложно провести полное различие между этими двумя служениями по всем параметрам, все же можно сказать, что дьяконы больше заняты практической стороной церковной жизни — административными и хозяйственными вопросами, а также заботой о членах с особыми физическими нуждами. Сегодня во многих церквях дьяконы либо полностью взяли на себя работу по духовному надзору за общиной, либо целиком возложили ее на плечи одного человека — пастора. Для церквей было бы полезно снова четко разграничить роли пасторов и дьяконов. Разве церкви не нужны оба вида служителей?

Будучи пастором, я являюсь и одним из пресвитеров церкви. Я пресвитер, на котором лежит основная ответственность за проповедь. Но при этом делом созидания церкви я занимаюсь вместе с группой других пасторов. Некоторые из них получают зарплату в церкви, но большинство — нет. Мы регулярно встречаемся для молитвы, общения и выработки рекомендаций для дьяконов или для всей церкви. Трудно выразить словами, как много любви эти люди проявили ко мне и ко всей общине и насколько они облегчают для меня бремя (и честь) пасторского служения. Я часто благодарю Бога за своих товарищей по служению.

Пресвитерское служение — это, несомненно, библейская идея, которая приносит практическую пользу. Коллегиальность руководителей поможет пасторам, потому что снимет с их плеч большой груз, а также и самим общинам, потому что застрахует их от потенциальной тирании одного руководителя. Кроме того, качества характера, которые, согласно Павлу, должны быть присущи пасторам, кроме способности учить, — это качества, к которым должен стремиться всякий христианин (1 Тим. 3; Тит. 1). Когда мы публично признаем, что определенные люди являются образцом, это помогает другим христианам, особенно братьям, иметь перед собой наглядный пример для подражания. Можно уверенно сказать, что практика назначения благочестивых, мудрых и надежных братьев на пасторское служение является еще одним признаком здоровой церкви.

Глава 14

ЗАКЛЮЧЕНИЕ: КАК ЭТО РАБОТАЕТ В ЖИЗНИ

Недавно один из пресвитеров церкви сказал мне: «Я много раз хотел уйти из этой церкви... Тут постоянно говорят о борьбе с грехом и служении другим; я подотчетен другим людям, хотя они такие же грешники, как и я».

«Я, конечно, понимаю, — продолжил он, — что в этом вся суть, потому что я по-прежнему грешный, а я хочу, чтобы с грехом было покончено. Мне нужна подотчетность, пример других, их забота, любовь и внимание. Моя плоть терпеть этого не может! Но если бы не все это, я бы, наверное, развелся со своей женой, а потом со второй, а потом с третьей и никогда бы не жил со своими детьми. Бог проявляет Свою благодать и заботу через Свою церковь».

В здоровой церкви, церкви, которая все лучше отражает характер Бога, раскрытый в Его Слове, иногда нелегко находиться. Проповеди могут быть длинными. Ожидания могут быть высокими. Кому-то может казаться, что о грехе говорится слишком много. Кто-то думает, что в разговорах люди лезут не в свое дело. Но весь вопрос в выражении «все лучше». Если мы *все лучше* отражаем характер Бога, то естественно, что некоторые области нашей личной и публичной жизни не отражают Его характер, на зеркале есть пятна, которые нужно оттереть, изгибы, которые нужно выпрямить. Это требует усилий.

Бог по Своей благости призвал нас жить христианской жизнью вместе, чтобы наши любовь друг к другу и забота отражали любовь и заботу Бога. Даже в мире отношения требуют преданности, тем более в церкви. Замысел Бога в том, чтобы мы возрастали не в одиночку на необитаемом острове, а в отношениях друг с другом.

Знает ли здоровая церковь, что такое радость? Еще как знает! Она знает радость подлинных перемен. Она знает радость сокрушенных оков. Она знает радость серьезного общения и настоящего единства — не единства как самоцели, а единства, основанного на общем спасении и поклонении. Она знает, что значит радоваться, принимая и отдавая любовь Христа. Но что прекраснее всего, она радуется тому, что отражает Божью славу и «преображается в тот же образ от славы в славу» (2 Кор. 3:18).

В третьей заповеди (Исх. 20:7; Втор. 5:11) Бог запретил Своему народу произносить Его имя напрасно. Тем самым Он не просто запретил богохульство. Он также предупредил нас о том, чтобы мы не носили Его имя напрасно, чтобы наша жизнь не была лжесвидетельством о Нем. Это заповедь относится и к нам как церкви.

Сегодня многие церкви больны. Мы принимаем личную выгоду за духовный рост. Мы принимаем проявление эмоций за истинное поклонение. Для нас принятие мира важнее, чем похвала от Бога. А эта похвала обычно достается тем, кого мир отвергает и кому противится. Слишком много церквей, независимо от количества членов в них, сегодня ничуть не переживают о том, есть ли у них те библейские признаки, которые отличают живую, растущую церковь.

Все христиане должны переживать за здоровье церкви, но особенно те, кто призван ею руководить. Нашим церквям предопределено отображать Бога и Его славное Евангелие для всего творения. Необходимо приносить Ему славу нашей жизнью вместе. Эта задача — одновременно огромная ответственность и величайшая честь.

Итак, вернемся к тому, с чего мы начинали. Чего вы ожидаете от церкви? Вы хотите, чтобы церковь отражала ваши ценности и ценности вашей культуры или чтобы она отражала сверхъестественный и славный характер Бога? Что из этого лучше будет являть свет на горе для мира, живущего во тьме?

Более подробно каждый из признаков здоровой церкви обсуждается в книге «Девять признаков здоровой церкви» (Чернигов, *In Lumine Media*, 2011). Практические советы по созиданию здоровой церкви можно найти в книге «Продуманное созидание церкви» (Славянское евангельское общество, 2009), написанной мной в соавторстве с Полом Александером. Более подробному обсуждению структуры церкви, в частности членства, роли пасторов и дьяконов, а также конгрегациональной формы руководства посвящена книга «Выражение Божьей славы» (ее можно скачать на сайте https://www.9marks.org/bookstore/translations).

СОВЕТ ДЛЯ ЧЛЕНОВ ЦЕРКВИ

Если что-то в этой книге показалось вам важным и ценным, проявите мудрость, когда будете предлагать пастору что-то поменять. Молитесь, служите, ободряйте, подавайте хороший пример своей жизнью и наберитесь терпения. Здоровая церковь — это не столько *место*, которое выглядит определенным образом, сколько *люди*, которые правильно проявляют любовь. А любовь лучше всего проявляется в обстоятельствах, которые нам не нравятся. Просто задумайтесь о том, какая любовь явлена нам во Христе!

СОВЕТ ДЛЯ ПАСТОРА

Если что-то в этой книге показалось вам важным и ценным, проявите мудрость, когда станете что-то менять в своей церкви. Будьте терпеливы, любите людей и проповедуйте Слово.

Приложение

ПРИМЕР ЗАВЕТА ЗДОРОВОЙ ЦЕРКВИ

Согласно упованию нашему в то, что мы были приведены божественной благодатью к покаянию и вере в Господа Иисуса Христа, и отдавши себя Ему, а также крестившись по исповеданию веры нашей во имя Отца и Сына и Святого Духа, мы ныне уповаем на Его милосердную помощь, в знак чего торжественно и радостно обновляем наш завет друг с другом.

Мы будем трудиться и молиться за единство Духа в союзе мира.

Мы будем идти вместе, имея братскую любовь, как прилично членам Церкви Христовой, на деле являя сердечную заботу и предупредительность в отношениях, и преданно увещевать друг друга, если возникнет такая необходимость.

Мы не будем оставлять совместного собрания, а также обычая молиться за себя и за других.

Мы постараемся воспитать тех, кто доверен нашему попечению, в учении и наставлении Господа и, являя пример чистоты и любви, достигать спасения наших родных и друзей.

Мы будем радоваться друг за друга и стремиться с нежностью и состраданием нести бремена и скорби друг друга.

Посредством божественной помощи мы будем стремиться жить надлежащим образом в мире, отвергая нечестие и мирские похоти, помня, что как мы были добровольно погребены в крещении и воскрешены из символической могилы, так теперь на нас возложена особая ответственность жить обновленной и святой жизнью.

Мы будем совместно трудиться для продолжения верного евангельского служения в этой церкви, поддерживая ее поклонение, таинства, дисциплину и учение. Мы будем доброхотно и регулярно жертвовать на поддержку служения, издержки церкви, помощь бедным и распространение Евангелия среди всех народов.

Переехав в другую местность, мы как можно скорее присоединимся к любой другой общине, в которой сможем придерживаться духа этого завета и принципов Священного Писания.

Благодать Господа нашего Иисуса Христа, и любовь Бога Отца, и общение Святого Духа да пребудет со всеми нами. Аминь.

ОСОБАЯ БЛАГОДАРНОСТЬ

Многие люди помогли мне понять и даже пережить, что такое здоровая церковь. Но в написание этой книги внесли особый вклад два человека.

Мэтт Шмекер первым посоветовал мне переработать серию статей для церковного бюллетеня в отдельную брошюру, на смену которой пришла эта книга. Он постоянно подталкивал меня поделиться идеями из этой книги с самой широкой аудиторией. Очевидно, что без него книга не увидела бы свет.

Джонатан Лиман так много работал над этой книгой, что в какой-то момент мы даже подумали, а не указать ли нам двух авторов на обложке: Марк Девер и Джонатан Лиман. И все же несколько соображений побудили меня сохранить одного автора: большую часть книги написал я, она является преемницей брошюры моего авторства и написана от моего имени (я часто говорю от первого лица и привожу примеры из своей жизни). Здесь же я хочу признать, что Джонатан придумал притчу о Носе и Руках, составил длинный список новозаветных выражений, касающихся использования Слова Божьего, а также написал некоторые другие фрагменты в первой части книги. Он проделал большую работу, расширив и переработав исходную брошюру, — надеемся в таком формате она обретет новую жизнь. Джонатан — очень одаренный брат, который и в этот раз помог мне. И как выясняется, его помощь оказалась более ценной, чем я себе представлял.

Мы будем подобны Ему, слушая Его.

Научно-популярное издание

ДЕВЕР Марк
Что такое здоровая церковь?

Подписано в печать 05.03.2018. Формат 70x100/32.
Бумага офсетная. Печать офсетная.
Усл. печ. л. 5,85. Уч.-изд. л. 3,66.
Тираж 1200 экз. Заказ № 91.

Издание выпущено по заказу ООО «Фэйвердэйл».
Издатель и полиграфическое исполнение ООО «Смэлток».
Свидетельство о государственной регистрации издателя,
изготовителя, распространителя печатных изданий
№ 1/466 от 28.04.2015, № 2/83 от 19.03.2014.
1-й Твердый пер., 15а, 220037, г. Минск
E-mail: 2854570@mail.ru
www.smalltalk.by

Здорова ли ваша церковь?

«9 Признаков» существует для того, чтобы оснащать лидеров церкви библейским видением и практическими ресурсами для явления славы Божьей всем народам через здоровые церкви.

Для этого мы хотим помочь церквям возрастать в следующих девяти признаках здоровья, на которые часто не обращают должного внимания:

1. Разъяснительная проповедь.
2. Библейское богословие.
3. Библейское понимание Благой Вести.
4. Библейское понимание обращения.
5. Библейское понимание благовестия.
6. Библейское понимание членства в церкви.
7. Библейские принципы церковной дисциплины.
8. Внимание к ученичеству и росту.
9. Библейская модель руководства.

Мы пишем статьи, книги, отзывы о книгах и ведем онлайн журнал. Мы проводим конференции, записываем интервью и создаем другие ресурсы для того, чтобы готовить церкви к явлению славы Божьей.

Посетите наш сайт, чтобы узнать больше:

www.ru.9Marks.org